R (Rel. aux armes de Nicolas Judde, Seigneur de Grainville)

(Faux)

PRINCIPES DE LA *PHILOSOPHIE MORALE*; OU ESSAI DE M. S***. SUR LE *MERITE ET LA VERTU*.

Avec Réflexions.

Denis Diderot

. . . . *Ludicra pono.*
Quid verum atque decens, curo & rogo, & omnis in hoc sum.
Horat. Epist. 1.

A AMSTERDAM;
Chez *ZACHARIE CHATELAIN*.

M. DCC. XLV.

A
MON FRERE,

* * * * * * * * * * * *
* * * * * * * * * * * *
* * * * * *Oui, mon Frere, la Religion bien entendue & pratiquée avec un zèle éclairé, ne peut manquer d'élever les Vertus morales. Elle s'allie même avec les connoiſſances naturelles; & quand elle eſt ſolide, les progrès de celles-ci ne l'allarment point pour ſes droits. Quelque difficile qu'il ſoit de diſcerner les limites qui ſéparent l'Empire*

de la Foi, de celui de la Raiſon; le Philoſophe n'en confond pas les objets : ſans aſpirer au chimérique honneur de les concilier ; en bon Citoyen, il a pour eux de l'attachement & du reſpect. Il y a de la Philoſophie à l'Impiété auſſi loin que de la Religion au Fanatiſme ; mais du Fanatiſme à la Barbarie, il n'y a qu'un pas. Par Barbarie, *j'entends, comme vous, cette ſombre diſpoſition qui rend un homme inſenſible aux charmes de la Nature & de l'Art, & aux douceurs de la Société. En effet comment appeller ceux qui mutilérent les Statues qui s'étoient ſauvées des ruines de l'ancienne Rome, ſinon des* Barbares? *Et quel autre nom donner à des gens, qui nés avec cet enjoüement qui répand un coloris de fineſſe ſur la Raiſon, & d'aménité ſur les Vertus, l'ont émouſſé, l'ont perdu & ſont parvenus, rare & ſublime effort! juſqu'à fuir comme des monſtres ceux qu'il leur eſt ordonné d'aimer. Je dirois volontiers que les uns & les autres n'ont connu de la Religion que* le Spectre. *Ce qu'il y a de vrai, c'eſt qu'ils ont eu des terreurs paniques, indignes d'elle; terreurs qui furent jadis*

fatales aux Lettres, & qui pouvoient le devenir à la Religion même. « *Il est certain qu'en ces*
» *premiers tems*, dit Montagne, *que notre Religion commença de gagner autorité par*
» *les loix, le zèle en arma plusieurs contre toutes sortes de*
» *Livres Payens; de quoi les*
» *Gens de Lettres souffrent une*
» *merveilleuse perte. J'estime que*
» *ce désordre ait porté plus de nuisance aux Lettres que tous les*
» *feux des Barbares. Cornelius*
» *Tacitus en est un bon témoin;*
» *car quoique l'Empereur Tacitus*
» *son parent en eût peuplé par*
» *ordonnances expresses toutes les*

» Librairies du monde ; toute-
» fois un ſeul exemplaire entier
» n'a pu échapper la curieuſe re-
» cherche de ceux qui déſiroient
» l'abolir pour cinq ou ſix vaines
» clauſes contraires à notre croyan-
» ce ». Il ne faut pas être grand raiſonneur pour s'appercevoir que tous les efforts de l'incrédulité étoient moins à craindre que cette Inquiſition. L'incrédulité combat les preuves de la Religion ; cette Inquiſition tendoit à les anéantir. Encore, ſi le zèle indiſcret & bouillant ne s'étoit manifeſté que par la délicateſſe gothique des eſprits foibles, les fauſſes allar-

mes des ignorans, ou les vapeurs de quelques atrabilaires; mais rappellez-vous l'Histoire de nos troubles civils, & vous verrez la moitié de la Nation, se baigner par piété dans le sang de l'autre moitié, & violer, pour soûtenir la cause de Dieu, les premiers sentimens de l'humanité; comme s'il falloit cesser d'être homme pour se montrer relligieux! *La Religion & la Morale ont des liaisons trop étroites pour qu'on puisse faire contraster leurs principes fondamentaux. Point de Vertu, sans Religion; point de bonheur sans Vertu: ce sont deux vérités que vous trouverez approfondies dans ces réflexions que notre* utilité commune *m'a fait écrire : Que cette expression ne vous blesse point ; je connois la solidité de votre esprit & la bonté de votre cœur. Ennemi de l'enthousiasme & de la bigotterie, vous n'avez point souffert que l'un se rétrecît par des opinions singuliéres, ni que l'autre s'épuisât par des affections puériles.* Cet Ouvrage *sera donc, si vous voulez, un antidote destiné à réparer en moi un tempérament affoibli, & à entretenir en vous des forces encore entiéres. Agréez-le, je vous prie, comme le présent d'un Philosophe & le gage de l'amitié d'un Frere.*

D. D*****

DISCOURS PRELIMINAIRE.

NOUS ne manquons pas de longs Traités de Morale ; mais on n'a point encore pensé à nous en donner des Elémens ; car je ne peux appeller de ce nom ni ces conclusions futiles qu'on nous dicte à la hâte dans les Ecoles, & qu'heureusement on n'a pas le tems d'expliquer ; ni ces recueils de maximes sans liaison & sans ordre, où l'on a pris à tâche de déprimer l'homme, ſans s'occuper beaucoup de le corriger. Ce n'eſt pas qu'il n'y ait quelque différence à faire entre ces deux ſortes d'Ouvrages : j'avoue qu'il y a plus à profiter dans une page de la Bruyere, que dans le volume entier de Pourchot ; mais il faut convenir auſſi qu'ils ſont les uns & les autres incapables de rendre un Lecteur vertueux par principes.

La ſcience des mœurs faiſoit la partie principale de la Philoſophie des Anciens ; en cela, ce me ſemble, beaucoup plus ſages que nous. On croiroit à la façon *

* You muſt allow me, PALEMON, thus to bemoan *Philoſophy* ; ſince you have forc'd me to ingage with her at a time when her Credit

dont nous la traitons, ou qu'il eſt moins eſſentiel maintenant de connoître ſes devoirs, ou qu'il eſt plus aiſé de s'en acquitter. Un jeune homme au ſortir de ſon cours de Philoſophie, eſt jetté dans un monde d'Athées, de Déiſtes, de Sociniens, de Spi-

runs ſo low. She is no longer *active* in the World; nor can hardly, with any advantage, be brought upon the publick *Stage*. We have immur'd her (poor Lady!) in Colleges and Cells; and have ſet her ſervilely to ſuch Works as thoſe in the Mines. Empirics, and pedantick Sophiſts are her chief Pupils. The *ſchoolſyllogiſm*, and the *Elixir*, are the choiceſt of her Products. So far is ſhe from producing Stateſmen, as of old, that hardly any Man of Note in the publick cares to own the leaſt Obligation to her. If ſome few maintain their Acquaintance, & come now and then to her Receſſes, 'tis as the Diſciple of Quality *came* to his Lord and Maſter; " *ſecretly*, and *by* „ *night*. „ Peinture admirable du triſte état de la Philoſophie parmi nous; mais qu'on ne peut rendre dans notre Langue avec toute ſa force.

nosistes & d'autres impies, fort instruit des propriétés de la matiére subtile & de la formation des tourbillons, connoissances merveilleuses qui lui deviennent parfaitement inutiles; mais à peine sçait-il des avantages de la Vertu, ce que lui en a dit un Précepteur; ou des fondemens de sa Religion, ce qu'il en a lû dans son Cathéchisme. Il faut espérer que ces Professeurs éclairés qui ont purgé la Logique des *universaux* & des *catégories*; la métaphysique des *entités* & des *quiddités*, & qui ont substitué dans la Physique, l'Expérience & la Géométrie, aux *hypothèses frivoles*, seront frappés de ce défaut & ne refuſeront pas à la Morale quelques-unes de ces veilles qu'ils conſacrent au bien public. Heureux, ſi cet Eſſai trouve place dans la multitude des matériaux qu'ils raſſembleront.

Le but de cet Ouvrage eſt de montrer que la Vertu eſt preſque indiviſiblement attachée à la connoiſſance de Dieu, & que le bonheur temporel de l'homme eſt inſéparable de la Vertu. Point de Vertu ſans croire en Dieu : point de bonheur ſans Vertu ; ce ſont les deux propoſitions de l'illuſtre Philoſophe dont je vais expoſer les idées. Des Athées qui ſe piquent de probité, & des Gens ſans probité qui vantent leur bonheur; voilà mes Adverſaires. Si la corruption des mœurs eſt plus funeſte à la Religion que tous les Sophiſmes de l'incrédulité, & s'il eſt eſſentiel au bon ordre de la Société que tous ſes membres ſoient vertueux; apprendre aux hommes que la Vertu ſeule eſt capable de faire leur félicité préſente, c'eſt rendre à l'une & à l'autre un ſervice important. Mais de crainte que des préventions fondées ſur la hardieſſe de quelques propoſitions mal examinées n'étouffent les fruits de cet Ecrit; j'ai cru devoir en préparer la leſture par un petit nombre de réflexions, qui ſuffiront avec les Notes que j'ai répandues par-tout où je les ai jugé néceſſaires, pour lever les ſcrupules de tout Lecteur attentif & judicieux.

1. Il n'eſt queſtion dans cet Eſſai que de la Vertu morale ; de cette Vertu que les Saints Peres mêmes ont accordée à quelques Philoſophes Payens. Vertu que le Culte qu'ils profeſſoient, ſoit de cœur ſoit en apparence, tendoit à détruire de fond en comble, bien loin d'en être inſéparable. Vertu que la Providence n'a pas laiſſée ſans récompenſe ;

s'il est vrai, comme on le prouvera dans la suite, que l'Intégrité morale fait notre bonheur en ce monde. Mais qu'est-ce que *l'Intégrité ?*

2. L'Homme est intégre ou vertueux ; lorsque sans aucun motif bas & servile, tel que l'espoir d'une récompense ou la crainte d'un châtiment, il contraint toutes ses passions à conspirer au bien général de son espece : effort héroïque, & qui toutefois n'est jamais contraire à ses intérêts particuliers. *Honestum id intelligimus, quod tale est, ut, detractâ omni utilitate, sine ullis præmiis, fructibusve, per seipsum possit*

jure laudari. Quod, quale ſit, non tam definitione quâ ſum uſus intelligi poteſt, quanquam aliquantum poteſt, quàm communi omnium judicio & optimi cujuſque ſtudiis atque factis, qui per multa ob eam unam cauſam faciunt, quia decet, quia rectum, quia honeſtum eſt, etſi nullum conſecuturum emolumentum vident. Cicer. de Orat. Mais ne pourroit-on pas inférer de cette définition que l'eſpoir des biens futurs & l'effroi des peines éternelles anéantiſſent le Mérite & la Vertu ? C'eſt une objection à laquelle on trouvera des réponſes dans la Section troiſiéme du premier livre. C'eſt-là que ſans donner dans les viſions du Quiétisme, ou faire de la Dévotion un trafic, on reléve tous les avantages d'un Culte qui préconise cette croyance.

3. Après avoir déterminé en quoi consistoit la Vertu, entendez par-tout Vertu morale : nous prouverons avec une précision vraîment géométrique, que de tous les systêmes concernant la Divinité, le *Théisme* est le seul qui lui soit favorable. « Le *Théisme*, dira-t'on ! Quel blasphême! » Quoi ces ennemis de toute ré- » vélation seroient les seuls qui » pussent être bons & vertueux ? » A Dieu ne plaise, que je me rende jamais l'écho d'une pareille

doctrine. Auſſi n'eſt-ce point celle de M. S. qui a ſoigneuſement prévenu la confuſion qu'on pourroit faire des termes de *Déiſte* & de *Théiſte*. Le *Deiſte*, dit-il, eſt celui qui croit en Dieu ; mais qui nie toute révélation : le *Théiſte* au contraire eſt celui qui eſt prêt d'admettre la révélation & qui admet déja l'exiſtence d'un Dieu. Mais en Anglois le mot de *Théiſt*, déſigne indiſtinctement *Déiſte* & *Théiſte*. Confuſion odieuſe contre laquelle ſe récrie M. S. qui n'a pû ſupporter qu'on proſtituât à une troupe d'impies le nom de *Théiſtes*, le plus auguſte de tous les noms. Il s'eſt efforcé d'effacer les idées injurieuſes qui y ſont attachées dans ſa langue, en marquant avec toute l'exactitude poſſible l'oppoſition du *Théiſme* à l'*Athéiſme*, & ſes liaiſons étroites avec le *Chriſtianiſme*. En effet, quoiqu'il ſoit vrai de dire que tout *Théiſte* n'eſt pas encore Chrétien, il n'eſt pas moins vrai d'aſſurer que pour devenir *Chrétien*, il faut commencer par être *Théiſte*. Le fondement de toute Religion, c'eſt le *Théiſme*. Mais pour détromper le public de l'opinion peu favorable qu'il peut avoir conçûe de cet illuſtre Auteur, ſur le témoignage de quelques Ecrivains, intéreſſés apparemment à l'entraîner dans un parti qui ſera toujours trop foible, la probité m'oblige de citer à ſon honneur & à leur honte ſes propres paroles.

As averſe as I am to the Cauſe of Theiſm, *or Name of* Deist, *when taken in a ſenſe excluſive of Revelation; I conſider ſtill that, in ſtrictneſs, the Root of all is* Theism; *and that to be a ſettled Chriſtian, it is neceſſary to be firſt of all a* good Theist....

. . . .

. . . .

. . . *Nor have I patience to hear the Name of* Theist (*the higheſt of all Names*) *decry'd, and ſet in oppoſition to* Chriſtianity. *As if our Religion was*

„ Quelqu'horreur que „ j'aye, dit-il, (vol. 2. „ pag. 209.) du Déiſme, ou de cette hypothèſe oppoſée à la „ révélation, toutefois „ je conſidere le Théiſme comme le fondement de toute Religion. Je crois que pour „ être bon Chrétien, il „ faut commencer par „ être bon Théiſte. Et „ conſéquemment, je „ ne peux ſouffrir qu'en „ oppoſant l'un à l'autre, on décrie injuſtement le plus ſacré „ de tous les noms, „ le nom de Théiſte;

„ comme si notre Religion étoit une espece „ de culte magique & „ qu'elle eût d'autre „ base que la croyance „ d'un seul Etre suprême; ou que la croyance d'un seul Etre suprême fondée sur des „ raisonnemens philosophiques, fût incompatible avec notre „ Religion. Certes, ce „ seroit donner beau „ jeu à ceux qui, soit „ par Scepticisme soit „ par vanité, ne sont „ déjà que trop enclins „ à rejetter toute révélation.

a kind of Magick, *which depended not on the Belief of a single supreme Being. Or as if the firm & rational Belief of such a Being, on philosophical grounds, was an improper Qualification for believing any thing further. Excellent Presomption, for those who naturally incline to the Disbelief of Revelation, or who thrò Vanity affect a Freedom of this kind!*

Et ailleurs, voici comment il s'exprime encore.

„ Quant à la foi & „ à l'orthodoxie de ma „ croyance, je me sens,

THE *only Subject on which we are perfectly secure, and without fear of any just Censure or Reproach, is that of* FAITH, *and* Orthodox BELIEF. *For in the first place, it will appear, that thro' a profound Respect, and religious Veneration, we have forborn so much as to name any of the sacred and solemn* Mysterys *of* Revelation. *And, in the next place, as we can with confidence declare, that we have never in any Writing, publick or private, attempted such high Researches, nor have ever in Practice acquitted our-selves otherwise than as just* Conformists *to the lawful Church; so we may, in a proper Sense, be said faithfully and du-*

„ dit-il, vol. 3. p. 315. „ dans une sécurité „ parfaite & raisonnable, & je me flatte „ de n'avoir sur ces articles ni reproches, „ ni censures équitables à craindre. Tel „ est le religieux respect, telle est la vénération profonde que „ je porte à la révélation, que dans le „ cours de cet Ouvrage, je me suis scrupuleusement abstenu, je ne dis pas de „ discuter, mais même „ de nommer les divins „ mystéres qu'elle nous „ a transmis. C'est „ avec toute la confiance que donne la „ vérité, que je déclare n'avoir jamais fait „ de ces propositions

„ sublimes, la matiére „ de mes Ecrits publics „ ou particuliers, & que „ je proteste, quant à „ ma conduite, qu'el- „ le a toujours été con- „ forme aux préceptes „ de l'Eglise autorisée par nos Loix. Ensorte „ qu'on peut dire avec la derniére exactitude „ que, fortement attaché au culte de mon païs, „ j'en embrasse les dogmes dans toute leur éten- „ due, sans que cette profondeur dont mon „ esprit est étonné, ait le plus légérement altéré „ ma croyance.

tifully to embrace *those holy* Mysterys, *even in their minutest Particulars, and without the least Exception on account of their amazing Depth.*

Je ne conçois pas comment après des protestations aussi solemnelles d'une entiére soumission de cœur & d'esprit aux Mystéres sacrés de sa Religion ; il s'est trouvé quelqu'un assez injuste pour compter M. S. au nombre des *Asgils*, des *Tindales* &

des *Tolands*, gens aussi décriés dans leur Eglise en qualité de Chrétiens, que dans la république des Lettres en qualité d'Auteurs: mauvais Protestans & misérables Ecrivains. Swift qui s'y connoît sans doute, en porte ce jugement dans son Chef-d'œuvre de plaisanterie. « Auroit-on jamais » soupçonné, dit-il, qu'Asgil fût » un beau génie & Toland un » Philosophe, si la Religion, ce » sujet inépuisable, ne les avoit » pourvûs abondamment d'esprit » & de syllogismes? Quel autre » sujet renfermé dans les bornes » de la Nature & de l'Art, au- » roit été capable de procurer à

» Tindale le nom d'Auteur pro-
» fond & de le faire lire ? si cent
» plumes de cette force avoient
» été employées pour la défense
» du Christianisme, elles auroient
» été d'abord livrées à un oubli
» éternel. »

4. Enfin tout ce que nous dirons à l'avantage de la connoissance du Dieu des Nations, s'appliquera avec un nouveau dégré de force à la connoissance du Dieu des Chrétiens. C'est une réflexion que chaque page de cet Ouvrage offrira à l'esprit. Voilà donc le Lecteur conduit à la porte de nos Temples. Le Missionnaire n'a qu'à l'attirer mainte-

nant aux pieds de nos Autels. C'eſt ſa tâche. Le Philoſophe a rempli la ſienne.

Il ne me reſte qu'un mot à dire ſur la maniére dont j'ai traité M. S.... je l'ai lû & relû : je me ſuis rempli de ſon eſprit, & j'ai, pour ainſi dire, fermé ſon Livre, lorſque j'ai pris la plume. On n'a jamais uſé du bien d'autrui avec tant de liberté. J'ai reſſerré ce qui m'a paru trop diffus; étendu ce qui m'a paru trop ſerré; rectifié ce qui n'étoit penſé qu'avec hardieſſe; & les réflexions qui accompagnent cette eſpece de Texte, ſont ſi fréquentes, que l'Eſſai de M. S.... qui n'étoit proprement qu'une Démonstration Métaphysique, s'est converti en Elémens de Morale assez considérables. La seule chose que j'aye scrupuleusement respectée, c'est l'ordre qu'il étoit impossible de simplifier : aussi cet Ouvrage demande-t'il encore de la contention d'esprit. Quiconque n'a pas la force ou le courage de suivre un raisonnement étendu peut se dispenser d'en commencer la lecture, c'est pour d'autres que j'ai travaillé.

ESSAI

Durand in. Et Fessard sculp.

ESSAI
SUR LE
MERITE ET LA VERTU.

LIVRE PREMIER.

PARTIE PREMIERE.

SECTION PREMIERE.

LA RELIGION & la Vertu sont unies par tant de rapports, qu'on les regarde communément comme deux inséparables Compagnes. C'est une liaison dont on pense si favorablement, qu'on permet à peine d'en faire abstraction dans le discours & même dans l'esprit. Je doute cependant que cette idée scrupuleuse soit confirmée par la connoissance du monde & nous ne manquons pas d'exemples qui paroissent contredire cette union prétenduë. N'a-t'on pas vû des peuples qui, avec tout le zèle imaginable pour leur Religion, vivoient dans la derniere dépravation & n'avoient pas ombre d'humanité : tandis que d'autres qui se piquoient si peu d'être religieux, qu'on les regarde comme de vrais athées, observoient les grands principes de la morale & nous ont arraché l'épithete de vertueux, par la tendresse & l'affection généreuse qu'ils ont euës pour le genre humain. En général, on a beau nous assurer qu'un homme est plein de zèle pour sa Religion ; si nous avons à traiter avec lui, nous nous informons encore de son caractere. » *M.* * * * * * *a de la religion*; dites-vous, » mais » *a-t'il de la probité* : » * Si vous m'eussiez fait entendre d'abord qu'il étoit honnête-homme, je ne me serois jamais avisé de demander, s'il étoit

* Remarquez qu'il est question ici de la Religion en général. Si le Christianisme étoit un culte universellement embrassé, quand on assureroit d'un homme qu'il est bon Chrétien, peut-être seroit-il absurde de demander, s'il est honnête-homme ; parce qu'il n'y a point, dira-t'on, de Christianisme réel sans probité. Mais il y a presqu'autant de cultes différens que de Gouvernemens ; & si nous en croyons les Histoires, leurs préceptes croisent souvent les principes de la morale : ce qui suffit, pour justifier ma pensée. Mais afin de lui donner toute l'évidence possible, supposez que, dans un besoin pressant de secours, on vous adressât à quelque Juif opulent : vous sçavez que sa Religion permet l'usure avec l'Etranger ; espéreriez-vous donc traiter à des conditions plus favorables, parce qu'on vous assureroit que cet homme est un des Sectateurs les plus zélés de la Loi de Moyse ? & tout bien considéré, ne vaudroit-il pas beaucoup mieux pour vos intérêts qu'il passât pour un fort mauvais Juif & qu'il fût même soupçonné dans la Sinagogue d'être un peu Chrétien ?

dévot. * TANT EST GRANDE SUR NOS ESPRITS, L'AUTORITÉ DES PRINCIPES MORAUX.

Qu'eſt-ce donc que la Vertu morale ? quelle influence la Religion en général a-t'elle ſur la probité ? Juſqu'à quel point ſuppoſe-t'elle de la vertu ? Seroit-il vrai de dire que l'Athéiſme exclut toute probité & qu'il eſt impoſſible d'avoir quelque Vertu morale, ſans reconnoître un Dieu ? Ces queſtions ſont une ſuite de la réflexion précédente & feront la matiere de ce premier Livre.

Ce ſujet eſt preſque tout neuf : d'ailleurs l'examen en eſt épineux & délicat : qu'on ne s'étonne donc pas, ſi je ſuis une méthode un peu ſinguliere. La licence de quelques plumes modernes a

* Par-tout où ce mot ſe prend en mauvaiſe part, il faut entendre, comme dans la Bruyere & la Roche-Foucault, faux Dévot ; ſens auquel une longue & peut-être odieuſe preſcription l'a déterminé.

répandu l'allarme dans le camp des *Dévots* : telle eſt en eux l'aigreur & l'animoſité que, quoi qu'un Auteur puiſſe dire en faveur de la Religion, on ſe récriera contre ſon Ouvrage, s'il accorde quelque poids à d'autres principes. D'un autre part, les beaux eſprits & les gens du bel air, accoutumés à n'enviſager dans la Religion que quelques abus qui font la matiere éternelle de leurs plaiſanteries, craindront de s'embarquer dans un examen ſérieux, (car les raiſonneurs les effrayent), & traiteront d'imbécille, un homme qui profeſſe le déſintéreſſement & qui ménage les principes de Religion. Il ne faut pas s'attendre à recevoir d'eux plus de quartier qu'on ne leur en fait ; & je les vois réſolus à penſer auſſi mal de la morale de leurs Antagoniſtes, que leurs Antagoniſtes penſent mal de la leur. Les uns

& les autres croiroient avoir trahi leur cause, s'ils avoient abandonné un pouce de terrain. Ce seroit un miracle que de persuader à ceux-ci qu'il y a quelque mérite dans la Religion, & à ceux-là, que la Vertu n'est pas concentrée toute entiere dans leur parti. Dans ces extrémités, quiconque s'éleve en faveur de la Religion & de la Vertu, & s'engage, en marquant à chacune sa puissance & ses droits, de les conserver en bonne intelligence, celui-là, dis-je, s'expose à faire un mauvais * personnage.

Quoi qu'il en soit, si nous préten-

* Je me suis demandé quelquefois pourquoi tous ces Ecrits dont la fin derniere est proprement de procurer aux hommes un bonheur infini, en les éclairant sur des vérités surnaturelles, ne produisent pas autant de fruits qu'on auroit lieu d'en attendre. Entre plusieurs causes de ce triste effet, j'en distinguerai deux, la méchanceté du Lecteur & l'insuffisance de l'Ecrivain. Le Lecteur, pour juger sainement de l'Ecrivain, devroit lire son ouvrage dans le silence des passions : l'Ecrivain, pour arriver à la conviction du Lecteur, devroit par une

dons atteindre à l'évidence & répandre quelques lumieres dans cet Essai, nous

entiere impartialité, réduire au silence les passions dont il a plus à redouter que des raisonnemens. Mais un Ecrivain impartial, un Lecteur équitable sont presque deux êtres de raison, dans les matieres dont il s'agit ici. Je dirois donc à tous ceux qui se préparent d'entrer en lice contre le vice & l'impiété : Examinez-vous, avant que d'écrire. Si vous vous déterminez à prendre la plume, mettez dans vos Ecrits le moins de bile & le plus de sens que vous pourrez. Ne craignez point de donner trop d'esprit à votre Antagoniste. Faites-le paroître sur le champ de bataille avec toute la force, toute l'adresse, tout l'art dont il est capable. Si vous voulez qu'il se confesse vaincu, ne l'attaquez point en lâche. Saisissez-le corps à corps : prenez-le par les endroits les plus inaccessibles. Avez-vous de la peine à le terrasser ? n'en accusez que vous-même : si vous avez fait les mêmes provisions d'armes qu'Abbadie, & Ditton, vous ne risquez rien à montrer sur l'arêne la même franchise qu'eux. Mais si vous n'avez ni les nerfs ni la cuirasse de ces athletes, que ne demeurez-vous en repos ? Ignorez-vous qu'un sot Livre en ce genre fait plus de mal en un jour, que le meilleur Ouvrage ne fera jamais de bien. Car telle est la méchanceté des hommes que, si vous n'avez rien dit qui vaille, on avilira votre cause, en vous faisant l'honneur de croire qu'il n'y avoit rien de mieux à dire. J'avouerai cependant qu'il y a des hommes assez déréglés pour affecter l'Athéisme &

ne pouvons nous diſpenſer de prendre les choſes de loin & de remonter à la

l'irréligion, à qui par conſéquent il vaudroit mieux faire honte de leur vanité ridicule que de les combattre en forme. Car pourquoi chercheroit-on à les convaincre ? Ils ne ſont pas proprement incrédules. Si l'on en croyoit Montagne, il faudroit en renvoyer la converſion au Médecin : l'approche du danger leur fera perdre contenance. *S'ils ſont aſſez fous*, dit-il, *ils ne ſont pas aſſez forts. Ils ne lairront de joindre leurs mains vers le Ciel, ſi vous leur attachez un bon coup d'épée dans la poitrine ; & quand la crainte & la maladie aura appeſanti cette licencieuſe ferveur d'humeur volage, ils ne lairront de ſe revenir & laiſſer manier tout diſcretement aux créances & exemples publics. Autre choſe eſt un dogme ſérieuſement digéré ; autre choſe, ces impreſſions ſuperficielles leſquelles nées de la débauche d'un eſprit démanché, vont nageant témérairement & incertainement dans la fantaiſie. Hommes bien miſérables & écervelés qui tâchent d'être pires qu'ils ne peuvent.* On ne peut s'empêcher de reconnoître dans cette peinture un très-grand nombre d'impies & il ſeroit peut-être à ſouhaiter qu'elle convînt à tous. Mais s'il y a quelques impies de bonne foi, comme la multitude des ouvrages dogmatiques lancés contr'eux ne permet pas d'en douter ; il eſt eſſentiel à l'intérêt & même à l'honneur de la Religion, qu'il n'y ait que les eſprits ſupérieurs qui ſe chargent de les combattre. Quant aux autres qui peuvent avoir autant & quelques ſource tant de la croyance naturelle, que des opinions fantaſques, concernant la Divinité. Si nous nous tirons heureuſement de ces commencemens épineux, il faut eſpérer que le reſte de notre route ſera doux & facile.

Section Seconde.

Ou tout eſt conforme au bon ordre dans l'univers; ou il y a des choſes qu'on auroit pû former plus adroitement, ordonner avec plus de ſageſſe & diſpoſer plus avantageuſement pour l'intérêt général des êtres & du tout.

Si tout eſt conforme au bon ordre, ſi tout concourt au bien général, ſi tout

fois plus de zèle avec moins de lumieres; ils devroient ſe contenter de lever leurs mains vers le Ciel pendant l'action & c'eſt le parti que j'aurois pris ſans doute, ſi je ne regardois l'Auteur dont je m'appuye à chaque pas, comme un de ces hommes extraordinaires & proportionnés à la dignité de la cauſe qu'ils ont à ſoutenir.

eſt fait pour le *mieux* ; il n'y a point de mal *abſolu* dans l'univers, point de mal *relatif au tout*.

Tout ce qui eſt tel qu'il ne peut être *mieux* ; eſt parfaitement bon.

S'il y a dans la nature, quelque mal *abſolu*, il eſt poſſible qu'il y eût quelque choſe de *mieux* ; ſinon, tout eſt parfait & comme il doit être.

S'il y a quelque choſe *d'abſolument* mal, il a été produit *à deſſein* ou s'eſt fait par *hazard*.

S'il a été produit *à deſſein* ; ou l'Ouvrier éternel n'eſt pas ſeul, ou n'eſt pas excellent. Car s'il étoit excellent, il n'y auroit point de mal *abſolu* : ou s'il y a quelque mal *abſolu*, c'eſt un autre qui l'aura cauſé.

Si le hazard a produit dans l'univers quelque mal *abſolu* ; l'Auteur de la nature n'eſt pas la cauſe de tout. Conſéquemment, si l'on suppose un Etre intelligent qui ne soit que la cause du bien; mais qui n'ait pas voulu, ou qui n'ait pû prévenir le mal *absolu* que le hazard ou quelque Intelligence rivale a produit; cet Etre est impuissant ou défectueux. Car ne pouvoir prévenir un mal *absolu*, c'est impuissance : ne vouloir pas le prévenir, quand on le peut, c'est mauvaise volonté.

L'Etre tout-puissant dans la Nature & qu'on suppose la gouverner avec intelligence & bonté ; c'est ce que les hommes d'un consentement unanime ont appellé *Dieu*.

S'il y a dans la Nature plusieurs Etres & semblables & supérieurs, ce sont autant de *Dieux*.

Si cet Etre supérieur, supposé qu'il n'y en ait qu'un, si ces Etres supérieurs, supposé qu'il y en ait plusieurs, ne sont pas essentiellement *bons*, on les appelle *Démons*.

Croire que tout a été fait & ordonné, que tout est gouverné, pour le *mieux* par une seule Intelligence essentiellement bonne, c'est être un parfait *Théiste*. *

Ne reconnoître dans la Nature d'autre cause, d'autre principe des Etres que le hazard. Nier qu'une Intelligence suprême ait fait, ordonné, disposé tout à quelque bien général ou particulier, c'est être un parfait *Athée*.

Admettre plusieurs Intelligences supérieures, toutes essentiellement bonnes, c'est être *Polithéiste*.

Soutenir que tout est gouverné par

* Gardez-vous bien de confondre ce mot avec celui de *Deïste*. Voyez le Traité de la véritable Religion par Monsieur l'Abbé Delachambre Doct. de Sorb. si vous voulez être instruit à fond de la difference du *Théisme* & du *Déisme*.

une ou plusieurs Intelligences capricieuses, qui sans égard pour l'ordre, n'ont d'autres loix que leurs volontés qui ne sont pas essentiellement bonnes. C'est être *Démoniste*.

Il y a peu d'esprits qui ayent été en tout tems invariablement attachés à la même hypothese sur un sujet aussi profond que la cause universelle des Etres & l'œconomie générale du Monde : de l'aveu même des personnes les plus religieuses *, toute leur foi leur suffit à peine en certains momens pour les soutenir dans la conviction d'une Intelligence suprême ; il est des conjonctures où frappées des défauts apparents de l'administration de l'Univers, elles sont violemment tentées de juger désavantageusement de la Providence.

* Penè moti sunt pedes mei, pacem peccatorum videns. *David. in Psal.*

Qu'eſt-ce que *l'opinion* d'un homme ? celle qui lui eſt habituelle. C'eſt l'hypotheſe à laquelle il revient toujours, & non celle dont il n'eſt jamais ſorti, que nous appellerons *ſon ſentiment*. Qui pourra donc aſſurer qu'un homme qui n'eſt pas un ſtupide, eſt un parfait Athée ? Car ſi toutes ſes penſées ne luttent pas en tout tems, en toute occaſion, contre toute idée, toute imagination, tout ſoupçon d'une Intelligence ſupérieure, il n'eſt pas un parfait Athée. De même, ſi l'on n'eſt pas conſtamment éloigné de toute idée de hazard ou de mauvais Génie, on n'eſt pas parfait *Théiſte*. C'eſt le ſentiment dominant qui détermine l'état. Quiconque voit moins d'ordre dans l'univers que de hazard & de confuſion, eſt plus Athée que Théiſte. Quiconque apperçoit dans le monde des traces plus diſtinctes d'un mauvais Génie que d'un bon, est moins Théiste que Démoniste. Mais tous ces Systématiques prendront leur dénomination, selon le côté où l'esprit se sera fixé le plus souvent, dans ses oscillations.

Du mélange de ces opinions, il en résulte un grand nombre d'autres *, toutes différentes entr'elles.

* Le Théisme avec le Démonisme. Le Démonisme avec le Polythéisme. Le Déisme avec l'Athéisme. Le Démonisme avec l'Athéisme. Le Polythéisme avec l'Athéisme. Le Théisme avec le Polythéisme. Le Théisme ou le Polythéisme avec le Démonisme, ou avec le Démonisme & l'Athéisme. Ce qui arrive, lorsqu'on admet

Un Dieu dont la nature est bonne & mauvaise; ou deux principes, l'un pour le bien & l'autre pour le mal.

Ou plusieurs Intelligences suprêmes & mauvaises, ce que l'on pourroit proprement appeller Polydémonisme.

Ou lorsque Dieu & le hazard partagent l'empire de l'Univers.

Ou lorsque l'Univers est gouverné par le hazard & par un mauvais Génie.

Ou lorsqu'on admet plusieurs Intelligences mauvaises, sans exclure le hazard.

Ou, lorsqu'on suppose le Monde fait &

L'Athéisme seul exclut toute Religion. Le parfait Démoniste peut avoir un culte. Nous connoissons même des Nations entiéres qui adorent un Diable à qui la frayeur seule porte leurs priéres, leurs offrandes & leurs sacrifices ; & nous n'ignorons pas que dans quelques Religions, on ne regarde Dieu que comme un Etre, violent, despotique, arbitraire & destinant les Créatures à un malheur inévitable, sans aucun mérite ou démérite prévû ; c'est-à-dire, qu'on éleve un Diable sur ces autels où l'on croit adorer un Dieu.

Outre les sectateurs des différentes opinions dont nous venons de faire

gouverné par plusieurs Intelligences toutes bienfaisantes.

Ou lorsqu'on admet plusieurs Intelligences suprêmes tant bonnes que mauvaises.

Ou lorsqu'on suppose que l'administration des choses est partagée entre plusieurs Intelligences tant bonnes que mauvaises, & le hazard.

mention

mention, nous remarquerons de plus qu'il y a beaucoup de perſonnes qui par eſprit de ſepticiſme, par indolence, ou par défaut de lumiéres ne ſont décidées pour aucune.

Tous ces ſyſtêmes ſuppoſés, il nous reſte à examiner comment chaque ſyſtême en particulier & l'indéciſion même s'accordent avec la Vertu, & juſqu'où ils ſont compatibles avec un caractère honnête & moral.

PARTIE SECONDE.

SECTION PREMIERE.

LORSQUE je tourne les yeux ſur les Ouvrages d'un Artiſte ou ſur quelque production ordinaire de la Nature & que je ſens en moi-même combien il eſt difficile de parler avec exactitude des *parties*, ſans une connoiſſance profonde du *Tout*; je ne ſuis point étonné de notre inſuffiſance dans les recherches qui concernent le Monde, le chef-d'œuvre de la Nature. Cependant à force d'obſervations & d'étude, à force de combiner les proportions & les formes dont la plûpart des Créatures qui nous environnent, ſont revêtuës, nous ſommes parvenus à déterminer quelques-uns de leurs uſages. Mais quelle eſt la fin de ces Créatures en particulier? En général même, à quoi ſert l'eſpece entiére de quelques-unes d'entr'elles? C'eſt ce que nous ne connoîtrons peut-être jamais. Cependant

Nous ſçavons que chaque Créature a un *Intérêt privé*, un *bien-être* qui lui eſt propre, & auquel elle tend de toute ſa puiſſance; penchant raiſonnable qui a ſon origine dans les avantages de ſa conformation naturelle. Nous ſçavons que ſa condition *relative* aux autres Etres eſt bonne ou mauvaiſe ; qu'elle affectionne la bonne, & que le Créateur lui en a facilité la poſſeſſion. Mais ſi toute Créature a un bien particulier, un intérêt privé, un but auquel tous les avantages de ſa conſtitution ſont naturellement dirigés ; & ſi je remarque dans les paſſions, les ſentimens, les affections d'une Créature, quelque choſe qui l'éloigne de ſa fin ; j'aſſurerai qu'elle eſt mauvaiſe & mal conditionnée. Par rapport à elle-même, cela eſt évident. De plus, ſi ces ſentimens, ces appétits qui l'écartent de ſon but naturel, croiſent encore celui de quelqu'individu de ſon eſpece, j'ajouterai qu'elle eſt mauvaiſe & mal conditionnée, relativement aux autres. Enfin, ſi le même déſordre dans ſa conſtitution naturelle qui la rend mauvaiſe par rapport aux autres, la rendoit aussi mauvaise par rapport à elle-même ; si la même œconomie dans ses affe-ctions qui la qualifie bonne par rapport à elle-même, produisoit le même effet relativement à ses semblables ; elle trou-veroit en ce cas son avantage particu-lier en cette bonté, par laquelle elle feroit le bien d'autrui ; & c'est en ce sens que l'intérêt privé peut s'accorder avec la Vertu morale.

Nous approfondirons ce point dans la derniére partie de cet essai. Notre objet, quant-à-present, c'est de chercher en quoi consiste cette qualité que nous dési-gnons par le nom de *bonté*. Qu'est-ce que la *bonté* ?

Si un Historien ou quelque Voyageur nous faisoit la description d'une Créa-ture parfaitement isolée, sans supérieure, sans égale, sans inférieure, à l'abri de tout ce qui pourroit émouvoir ses passions ;

seule en un mot de son espece, nous dirions sans hésiter, *que cette Créature singuliere doit être plongée dans une affreuse mélancholie ; car quelle consolation pourroit-t'elle avoir en un Monde qui n'est pour elle qu'une vaste solitude.* Mais si l'on ajoutoit, *qu'en dépit des apparences, cette Créature joüit de la vie ; sent le bonheur d'exister, & trouve en elle-même de la félicité.* Alors nous pourrions convenir *que ce n'est pas tout-à-fait un monstre & que relativement à elle-même, sa constitution naturelle n'est pas entiérement absurde ; mais nous n'irions jamais jusqu'à dire que cet Etre est bon.* Cependant si l'on insistoit & qu'on nous objectât *qu'il est parfait dans sa maniere, & conséquemment que nous lui refusons à tort l'épithete de bon ; car qu'importe qu'il ait quelque chose à démêler avec d'autres, ou non ?* il faudroit bien franchir le mot,

& reconnoître *que cet Etre eſt bon ; s'il eſt poſſible toutefois qu'il ſoit parfait en ſoi-même, ſans avoir aucun rapport avec l'univers dans lequel il eſt placé.* Mais ſi l'on venoit à découvrir à la longue quelque ſyſtême dans la Nature dont on pût conſidérer ce vivant Automate, comme faiſant partie, il perdroit incontinent le titre de bon, dont nous l'avions décoré. Car comment conviendroit-il à un individu qui par ſa ſolitude & ſon inaction tendroit auſſi directement à la ruine de ſon eſpece. *

* Divin Anachorete, ſuſpendez un moment la profondeur de vos méditations, & daignez détromper un pauvre *Mondain* & qui ſait gloire de l'être. J'ai des paſſions & je ſerois bien fâché d'en manquer : c'eſt très-paſſionnément que j'aime mon Dieu, mon Roi, mon Pays, mes Parens, mes Amis, ma Maîtreſſe & moi-même. Je fais un grand cas des richeſſes : j'en ai beaucoup & j'en déſire encore : un homme bienfaiſant en a-t'il jamais aſſez ? Qu'il me ſeroit doux de pouvoir animer ce talent qui languit ſous mes yeux, unir ces Amans que l'indigence retient dans le célibat, venger par

Mais ſi dans la ſtructure de cet Animal ou de tout autre, j'entrevois des liens qui l'attachent à des Etres connus & différens de lui ; ſi ſa conformation m'indique des rapports, même à d'autres eſpeces que la ſienne ; j'aſſurerai qu'il fait partie de quelque ſyſtême. Par exemple, s'il eſt mâle, il a rapport en cette qualité avec la femelle ; & la conformation relative du mâle & de la femelle annonce une nouvelle chaîne

mes largeſſes ce laborieux Commerçant des revers de la fortune ? Je ne fais chaque jour qu'un ingrat ; que ne puis-je en faire un cent ? C'eſt à mon aiſance, Religieux fanatique, que vous devez le pain que votre quêteur vous apporte.

J'aime les plaiſirs honnêtes : je les quitte le moins que je peux : je les conduis d'une table moins ſomptueuſe que délicate, à des jeux plus amuſans qu'intéreſſés que j'interromps pour pleurer les malheurs d'Andromaque ou rire des boutades du Miſantrope : je me garderai bien de les exiler par de noires réflexions : que l'épouvante & le trouble pourſuivent ſans ceſſe le crime ! l'eſpoir & la tranquillité, compagnes inſéparables de la juſtice, me d'Etres & un nouvel ordre de choses. C'est celui d'une espece ou d'une race particuliere de Créatures qui ont une tige commune ; race qui s'accroît & s'éternise aux dépens de plusieurs systêmes qui lui sont destinés.

Donc si toute une espece d'animaux contribue à l'existence ou au bien-être d'un autre espece ; l'espece sacrifiée n'est que partie d'un autre systême.

L'existence de la Mouche est nécessaire à la subsistance de l'Araignée : aussi le vol étourdi, la structure délicate, & les membres déliés de l'un de ces

conduiront par la main jusqu'au bord du précipice que le sage Auteur de mes jours m'a dérobé par les fleurs dont il l'a couvert ; & malgré les soins avec lesquels vous vous préparez à un instant que je laisse venir, je doute que votre fin soit plus douce & plus heureuse que la mienne. En tout cas, si la conscience reproche à l'un de nous deux d'avoir été inutile à sa Patrie, à sa Famille & à ses Amis ; je ne crains point que ce soit à moi.

Insectes ne le destinent pas moins évidemment à être la *proye* ; que la force, la vigilance & l'adresse de l'autre à être le *prédateur*. Les toiles de l'Araignée sont faites pour des aîles de Mouche.

Enfin le rapport mutuel des membres du Corps Humain ; dans un Arbre, celui des feuilles aux branches & des branches au tronc, n'est pas mieux caractérisé, que l'est dans la conformation & le génie de ces animaux, leur destination réciproque.

Les Mouches servent encore à la subsistance des Poissons & des Oiseaux. Les Poissons & les Oiseaux à la subsistance d'une autre espece. C'est ainsi qu'une multitude de systêmes différens se réunissent & se fondent, pour ainsi dire, les uns dans les autres pour ne former qu'un seul ordre de choses.

Tous les Animaux composent un

ſyſtême, & ce ſyſtême eſt ſoumis à des loix méchaniques ſelon leſquelles tout ce qui y entre eſt calculé.

Or, ſi le ſyſtême des Animaux ſe réunit au ſyſtême des Végétales, & celui-ci au ſyſtême des autres Etres qui couvrent la ſurface de notre Globe; pour conſtituer enſemble le ſyſtême Terreſtre. Si la Terre elle-même a des relations connues avec le Soleil & les Planetes, il faudra dire que tous ces ſyſtêmes ne ſont que des parties d'un ſyſtême plus étendu. Enfin ſi la Nature entiére n'eſt qu'un ſeul & vaſte ſyſtême que tous les autres Etres compoſent; il n'y aura aucun de ces Etres qui ne ſoit mauvais ou bon par rapport à ce grand Tout, dont il eſt une Partie *; car ſi cet Etre eſt ſuperflu, ou déplacé, c'eſt

* Dans l'Univers tout eſt uni. Cette vérité fut un des premiers pas de la Philoſophie, & ce

une imperfection & conséquemment un mal absolu dans le systême général.

fut un pas de Géant. *Ac mihi quidem veteres illi majus quiddam animo complexi, multo plus etiam vidisse videntur, quàm quantum nostrorum acies intueri potest; qui omnia hæc quæ supra & subter, unum esse & unâ vi, atque unâ consensione Naturæ constricta esse dixerunt. Nullum est enim genus rerum, quod aut avulsum à cæteris per seipsum constare, aut quo cætera si careant, vim suam atque æternitatem conservare possint. Cic. Lib.* 3. *de Orat.* Toutes les découvertes des Philosophes modernes se réunissent pour constater la même proposition. Tous les Auteurs de systême, sans en excepter Epicure, la supposoient, lorsqu'ils ont considéré le Monde comme une Machine dont ils avoient à expliquer la formation & à développer les ressorts secrets. Plus on voit loin dans la Nature, & plus on y voit d'union. Il ne nous manque qu'une Intelligence & des Expériences proportionnées à la multitude des Parties & à la grandeur du Tout, pour parvenir à la démonstration. Mais si le Tout est immense; si le nombre des Parties est infini; devons-nous être surpris que cette union nous échappe souvent? Quelle raison a-t'on d'en conclure qu'elle ne subsiste pas. Je ne vois pas comment ce Phénomene fatal à cette espèce est, par une suite de l'ordre universel des choses, avantageux à une autre espece; donc l'ordre universel est une chimere. Voilà le raisonnement de ceux qui attaquent la nature.

Si un Etre eſt abſolument mauvais, il eſt tel relativement au ſyſtême général, & ce ſyſtême eſt imparfait. Mais ſi le mal d'un ſyſtême particulier fait le bien d'un autre ſyſtême, ſi ce mal apparent contribue au bien général; comme il arrive, lorſqu'une eſpece ſubſiſte par la deſtruction d'une autre; lorſque la corruption d'un Etre en fait éclorre un nouveau; lorſqu'un tourbillon ſe fond dans un tourbillon voiſin. Ce mal particulier n'eſt pas un mal abſolu; non plus qu'une dent qui

Voici maintenant la réponſe & le raiſonnement de ceux qui la défendent : je ſuis en état de démontrer que ce qui fait en mille occaſions le mal d'un ſyſtême, ſe tourne, par une ſuite merveilleuſe de l'ordre univerſel, à l'avantage d'un autre; donc lorſque je n'ai pas la même évidence par rapport à d'autres Phénomenes ſemblables, ce n'eſt point altération dans l'ordre; mais inſuffiſance dans mes lumieres; donc l'ordre univerſel des choſes n'en eſt pas moins réel & parfait. Entre la préſomption raiſonnable de ceux-ci & l'ignorante témérité de leurs antagoniſtes, il n'eſt pas difficile de prendre parti.

pousse avec douleur, n'est un mal réel dans un systême, que cet inconvenient prétendu conduit à sa perfection

Nous nous garderons donc de prononcer qu'un Etre est absolument mauvais, à moins que nous ne soyons en état de démontrer qu'il n'est bon dans aucun systême. *

Si l'on remarquoit dans la Nature une

* Que deviennent donc les Manichéens avec la nécessité prétendue de leurs principes ? où aboutissent les reproches que les Athées font à la Nature ? On diroit à les entendre dogmatiser, qu'ils sont initiés dans tous ses desseins ; qu'ils ont une connoissance parfaite de ses ouvrages, & qu'ils seroient en état de se mettre au gouvernail & de manœuvrer à sa place. Et ils ne veulent pas s'appercevoir qu'ils sont, par rapport à l'univers, dans un cas plus désavantageux qu'un de ces Mexiquains qui ne connoissant ni la Navigation, ni la nature de la Mer, ni les propriétés des vents & des eaux, s'éveilleroit au milieu d'un Vaisseau, arrêté en plein Océan par un calme profond. Que penseroit-il en considérant cette pesante Machine suspendue sur un Elément sans consistance ? Et que penseroit-on de lui, s'il venoit à traiter de poids incommodes & superflus,

eſpece qui fût incommode à toute autre ; cette eſpece mauvaiſe relativement au ſyſtême général ſeroit mauvaiſe en elle-même. De même dans chaque eſpece d'Animaux ; par exemple, dans l'eſpece Humaine, ſi quelqu'individu eſt d'un caractère pernicieux à tous ſes ſemblables, il méritera le nom de mauvais dans ſon eſpece.

Je dis *d'un caractère pernicieux* ; car un méchant Homme, ce n'eſt ni celui dont le corps eſt couvert de peſte, ni celui qui dans une fievre violente, s'élance, frappe & bleſſe quiconque oſe l'approcher. Par la même raiſon, je

les ancres, les voiles, les mâts, les échelles, les vergues & tout cet attirail de cordages dont il ignoreroit l'utilité. En attendant qu'il fût mieux inſtruit, (dût-il ne l'être jamais parfaitement), ne lui ſiéroit-il pas mieux de juger, ſur les proportions qu'il remarque dans le petit nombre de parties qui ſont à ſa portée, plus avantageuſement de l'Ouvrier & du Tout.

n'appellerai point honnête-homme celui qui ne blesse personne, parce qu'il est étroitement garotté, ou, ce qui revient à cet état, celui qui n'abandonne ses mauvais desseins que par la crainte d'un châtiment ou par l'espoir d'une récompense.

Dans une Créature raisonnable, tout ce qui n'est point fait par affection n'est ni mal, ni bien : l'Homme n'est bon ou méchant que, lorsque l'intérêt ou le désavantage de son systême est l'objet immédiat de la passion qui le meut.

Puisque l'inclination seule rend la Créature méchante ou bonne, conforme à sa nature, ou dénaturée. Nous allons maintenant examiner quelles sont les inclinations naturelles & bonnes, & quelles sont les affections contraires à sa sa nature, & mauvaises.

SECTION SECONDE.

Remarquez d'abord que toute affection qui a pour objet un bien imaginaire, devenant ſuperfluë & diminuant l'énergie de celles qui nous portent aux biens réels, eſt vicieuſe en elle-même & mauvaiſe relativement à l'intérêt particulier & au bonheur de la Créature.

Si l'on pouvoit ſuppoſer que quelqu'un de ces penchans qui entraînent la Créature à ſes intérêts particuliers, fût, dans ſon énergie légitime, incompatible avec le bien général, un tel penchant ſeroit vicieux. Conſéquemment à cette hypothèſe, une Créature ne pourroit agir conformément à ſa nature ſans être mauvaiſe dans la ſociété; ou contribuer aux intérêts de la ſociété, ſans être dénaturée par rapport à elle-même. Mais ſi le penchant a ſes intérêts

privés,

privés, n'est injurieux à la société, que quand il est excessif, & jamais lorsqu'il est tempéré; nous dirons alors que l'excès a rendu vicieux un penchant qui dans sa nature étoit bon. Ainsi toute inclination qui portera la Créature à son bien particulier; pour être vicieuse, doit être nuisible à l'intérêt public. C'est ce défaut qui caractérise l'Homme intéressé, défaut contre lequel on se récrie si haut *, quand il est trop marqué.

* Tous les Livres de Morale sont pleins de déclamations vagues contre l'intérêt. On s'épuise en détails, en divisions, & en subdivisions pour en venir à cette conclusion énigmatique, *que quel que soit le désintéressement spécieux, quelle que soit la générosité apparente dont nous nous parions; au fond, l'intérêt & l'amour-propre sont les seuls principes de nos actions.* Si au lieu de courir après l'esprit & d'arranger des Phrases, ces Auteurs, partant de définitions exactes, avoient commencé par nous apprendre ce que c'est qu'Intérêt; ce qu'ils entendent par Amour-propre; leurs Ouvrages avec cette Clef pourroient servir à quelque chose. Car nous sommes tous d'accord que la Créature peut s'aimer, peut tendre à ses intérêts, &

Mais ſi dans la Créature, l'amour de ſon intérêt propre n'eſt point incompatible avec le bien général, quelque concentré que cet amour puiſſe être ; s'il eſt même important à la ſociété que chacun de ſes membres s'applique ſérieuſement à ce qui le concerne en ſon particulier, ce ſentiment eſt ſi peu vicieux, que la Créature ne peut être bonne ſans en être pénétrée : car ſi c'eſt faire tort à la ſociété que de négliger ſa conſervation ; cet excès de deſintéreſſement rendroit la Créature méchante & dénaturée, autant que l'abſence de toute

pourſuivre ſon bonheur temporel, ſans ceſſer d'être vertueuſe. La queſtion n'eſt donc pas de ſçavoir, ſi nous avons agi par amour-propre ou par intérêt ; mais de déterminer quand ces deux ſentimens concouroient au but que tout homme ſe propoſe, c'eſt-à-dire ; à ſon bonheur. Le dernier effort de la prudence humaine, c'eſt de s'aimer, c'eſt d'entendre ſes intérêts, c'eſt de connoître ſon bonheur comme il faut.

autre affection naturelle. Jugement qu'on ne balanceroit pas à porter, si l'on voyoit un homme fermer les yeux sur les précipices qui s'ouvriroient devant lui ; ou, sans égard pour son tempérament & pour sa santé, braver la distinction des saisons & des vêtemens. On peut envelopper dans la même condamnation quiconque seroit frappé * d'aversion pour le commerce des femmes, & qu'un tempérament dépravé, mais non pas un vice de conformation, rendroit inhabile à la propagation de l'espece.

L'amour des intérêts privés peut donc

* On considere ici l'Homme dans l'état de pure nature, & il n'est pas question de ces Hommes saints qui se sont éloignés du Sexe, par un esprit de continence qu'on se garde bien de blâmer. Il est évident que cet endroit ne leur convient en aucune façon ; car on ne peut assurément les accuser d'aversion pour les Femmes ou de dépravation dans le tempérament.

être bon ou mauvais : si cette passion est trop vive, & telle, par exemple, qu'un attachement à la vie qui nous rendroit incapable d'un acte généreux, elle est vicieuse ; & conséquemment la Créature qu'elle dirige est mal dirigée & plus ou moins mauvaise. Celui donc à qui, par un désir excessif de vivre, il arriveroit de faire quelque bien, ne mérite non plus par le bien qu'il fait, qu'un Avocat qui n'a que son salaire en vuë, lors même qu'il défend la cause de l'innocence ; ou qu'un soldat qui, dans la guerre la plus juste, ne combat que parce qu'il reçoit la paye.

Quelqu'avantage que l'on ait procuré à la Société ; le motif seul fait le mérite. Illustrez-vous par de grandes actions, tant qu'il vous plaira ? Vous serez vicieux, tant que vous n'agirez que par des principes intéressés. Vous pourſuivez votre bien particulier, avec toute la modération poſſible ; à la bonne heure : mais vous n'aviez point d'autre motif en rendant à votre eſpece, ce que vous lui deviez par inclination naturelle ; vous n'êtes pas vertueux.

En effet quels que ſoient les ſecours étrangers qui vous ont incliné vers le bien : quoi que ce ſoit qui vous ait prêté main-forte contre vos inclinations perverſes, tant que vous conſerverez le même caractère, je ne verrai point en vous de bonté. Vous ne ſerez bon que quand vous ferez le bien d'affection & de cœur.

Si par hazard, quelqu'une de ces Créatures douces, privées, & amies de l'Homme, développant un caractère contraire à ſa conſtitution naturelle, devenoit ſauvage & cruelle ; on ne manqueroit pas d'être frappé de ce phénoméne & de ſe récrier ſur ſa dépravation. Suppoſons maintenant que le tems & des ſoins la dépouillaſſent de cette férocité accidentelle & la ramenaſſent à la douceur de celles de ſon eſpece, on diroit que cette Créature s'eſt rétablie dans ſon état naturel. Mais ſi la guériſon n'eſt que ſimulée ; ſi l'animal hypocrite revient à ſa méchanceté, ſitôt que la crainte de ſon Geolier l'abandonne ; direz-vous que la douceur eſt ſon vrai caractère, ſon caractère actuel ? non, ſans doute. Le tempérament eſt tel qu'il étoit, & l'Animal eſt toujours méchant.

Donc la bonté ou la méchanceté animales * de la Créature a ſa ſource

* Il y a trois eſpeces de Bonté. Une bonté d'être ; c'eſt une certaine convenance d'attributs qui conſtitue une choſe ce qu'elle eſt. Les Philoſophes l'appellent *Bonitas Entis.*
Une Bonté animale. C'eſt une œconomie dans les paſſions que toute Créature ſenſible

dans son tempérament actuel. Donc la Créature sera bonne en ce sens, lorsqu'en suivant la pente de ses affections, elle aimera le bien & le fera sans contrainte, & qu'elle haïra & fuira le mal, sans effroi pour le châtiment.

& bien constituée reçoit de la Nature. C'est en ce sens qu'on dit d'un Chien de chasse, lorsqu'il est bon, qu'il n'est ni lâche ni opiniâtre, ni lent ni emporté, ni timide ni indocile; mais ardent, intelligent & prompt.

Une Bonté raisonnée propre à l'Etre pensant, qu'on appelle Vertu : qualité qui est d'autant plus méritoire en lui qu'étoient grandes les mauvaises dispositions qui constituent la méchanceté animale, & qu'il avoit à vaincre pour parvenir à la Bonté raisonnée. Exemple.

Nous naissons tous plus ou moins dépravés; les uns timides, ambitieux, & coleres; les autres avares, indolens & téméraires : mais cette dépravation involontaire du tempérament ne rend point par elle-même, la Créature vicieuse : au contraire elle sert à relever son mérite, lorsqu'elle en triomphe. Le sage Socrate nâquit avec un penchant merveilleux à la luxure. Pour juger combien on est éloigné du sentiment impie & bizarre de ceux qui donnent tout au tempérament, vices & vertus; on n'a qu'à lire la section suivante & sur-tout le commencement de la Section quatriéme.

La Créature ſera méchante au contraire, ſi elle ne reçoit pas de ſes inclinations naturelles la force de remplir ſes fonctions, ou ſi des inclinations dépravées l'entraînent au mal & l'éloignent du bien qui lui ſont propres.

En général, lorſque toutes les affections ſont d'accord avec l'intérêt de l'eſpece, le tempérament naturel eſt parfaitement bon. Au contraire, ſi l'on manque de quelqu'affection avantageuſe, ou qu'on en ait de ſuperflues, de foibles, de nuiſibles, & d'oppoſées à cette fin principale, le tempérament eſt dépravé, & conſéquemment l'animal eſt méchant ; il n'y a que du plus ou du moins.

Il eſt inutile d'entrer ici dans le détail des affections & de démontrer que la colere, l'envie, la pareſſe, l'orgueil & le reſte de ces paſſions généralement détestées, sont mauvaises en elles-mêmes, & rendent méchante la Créature qui en est affectée. Mais il est à propos d'observer que la tendresse la plus naturelle, celle des meres pour leurs petits, & des parens pour leurs enfans a des bornes prescrites, au-delà desquelles elle dégénere en vice. L'excès de l'affection maternelle peut anéantir les effets de l'amour, & le trop de commisération mettre hors d'état de procurer du secours. Dans d'autres conjonctures, le même amour peut se changer en une espece de phrénésie; la pitié devenir foiblesse; l'horreur de la mort se convertir en lâcheté; le mépris des dangers en témérité; la haine de la vie ou toute autre passion qui conduit à la destruction, en désespoir ou folie.

SECTION TROISIEME.

Mais pour paſſer de cette bonté pure & ſimple dont toute Créature ſenſible eſt capable, à cette qualité qu'on appelle *Vertu* & qui convient ici bas à l'Homme ſeul.

Dans toute Créature capable de ſe former des notions exactes des choſes, cette écorce des Etres dont les ſens ſont frappés n'eſt pas l'unique objet de ſes affections. Les actions elles-mêmes, les paſſions qui les ont produites, la commiſération, l'affabilité, la reconnoiſſance & leurs Antagoniſtes s'offrent bien-tôt à ſon eſprit, & ces familles ennemies qui ne lui ſont point étrangeres, ſont pour elle de nouveaux objets d'une tendreſſe ou d'une haine réfléchie.

Les ſujets intellectuels & moraux

agiſſent ſur l'eſprit à-peu-près de la même maniere que les Etres organiſés, ſur les ſens. Les figures, les proportions, les mouvemens & les couleurs de ceux-ci ne ſont pas plutôt expoſés à nos yeux, qu'il réſulte de l'arrangement & de l'œconomie de leurs parties, une beauté qui nous récrée, ou une difformité qui nous choque. Tel eſt auſſi ſur les eſprits, l'effet de la conduite & des actions humaines. La régularité & le déſordre dans ces objets les affectent diverſement, & le jugement qu'ils en portent n'eſt pas moins néceſſité que celui des ſens.

L'entendement a ſes yeux : les eſprits entr'eux ſe prêtent l'oreille : ils apperçoivent des proportions : ils ſont ſenſibles à des accords : ils meſurent, pour ainſi dire, les ſentimens & les penſées. En un mot, ils ont leur critique à qui rien n'échappe. Les ſens ne ſont ni plus réellement ni plus vivement frappés ſoit par les nombres de la Muſique, ſoit par les formes & les proportions des Etres corporels ; que les eſprits par la connoiſſance & le détail des affections. Ils diſtinguent dans les caractères, douceur & dureté ; ils y démêlent l'agréable & le dégoûtant, le diſſonnant & l'harmonieux ; en un mot, ils y diſcernent & laideur & beauté ; laideur qui va juſqu'à exciter leur mépris & leur averſion ; beauté qui les tranſporte quelquefois d'admiration & les tient en extaſe. Devant tout Homme qui péſe murement les choſes, ce ſeroit une affectation puérile * que de nier qu'il y ait dans les Etres moraux,

* En effet n'eſt-ce pas une puérilité que de nier ce dont on eſt évidemment ſoi-même affecté. Lorſque quelques-uns de nos dogmatiſtes modernes, nous aſſurent de la meilleure

ainſi que dans les objets corporels, un

foi du monde diſent-ils, " que la Divinité ,, n'eſt qu'un vain phantôme ; que le vice & ,, la vertu ſont des préjugés d'éducation ; que ,, l'immortalité de l'ame ; que la crainte des ,, peines & l'eſpérance des récompenſes à venir ,, ſont chimériques ,, ne ſont-ils pas actuellement ſous le *charme* ? Le plaiſir de paroître ſincère n'agit-il pas en eux ? ne ſont-ils pas affectés du *decorum & dulce* ? Car enfin leur intérêt privé demanderoit qu'ils ſe réſervaſſent toutes ces rares connoiſſances : plus elles ſeront divulguées, moins elles leur ſeront utiles. Si tous les hommes ſont une fois perſuadés que les Loix Divines & humaines ſont des barrieres qu'on a tort de reſpecter lorſqu'on peut les franchir ſans danger, il n'y aura plus de duppes que les Sots. Qui peut donc les engager à parler, à écrire & à nous détromper même au péril de leur vie ; car ils n'ignorent pas que leur zèle eſt aſſez mal récompenſé par le gouvernement : il me ſemble que j'entends M. S. qui dit à un de ces Docteurs, " La ,, Philoſophie que vous avez la bonté de me ,, révéler, eſt tout-à-fait extraordinaire. Je ,, vous ſuis obligé de vos lumieres : mais quel ,, intérêt prenez-vous à mon inſtruction ? Que ,, vous ſuis-je ? êtes-vous mon Pere ? quand ,, je ſerois votre Fils ; me devriez-vous quel- ,, que choſe en cette qualité ? Y auroit-il en ,, vous quelqu'*affection naturelle*, quelque ſoup- ,, çon qu'il eſt doux, qu'il eſt beau de détrom- ,, per à ſes riſques & fortunes, un indifférent, ,, ſur des choſes qui lui importent ? Si vous vrai beau, un beau essentiel, un sublime réel. *

„ n'éprouvez rien de ces sentimens, vous pre-
„ nez bien de la peine, & vous courez de
„ grands dangers pour un homme qui ne sera
„ qu'un ingrat, s'il suit exactement vos prin-
„ cipes : que ne gardez-vous votre secret pour
„ vous ? Vous en perdez tout l'avantage en
„ le communiquant. Abandonnez-moi à mes
„ préjugés : il n'est bon ni pour vous ni pour
„ moi que je sçache que la nature m'a fait
„ Vautour & que je peux demeurer en conscien-
„ ce tel que je suis.

* S'il n'y a ni beau, ni grand, ni sublime dans les choses ; que deviennent l'amour, la gloire, l'ambition, la valeur ? à quoi bon admirer un Poëme ou un Tableau, un Palais ou un Jardin ; une belle taille ou un beau visage ? Dans ce systême phlegmatique ; l'héroïsme est une extravagance. On ne fera pas plus de quartier aux Muses : le Prince des Poëtes ne sera qu'un Ecrivain suffisamment insipide. Mais cette Philosophie meurtriére se dément à chaque moment ; & ce Poëte qui a employé tous les charmes de son art pour décrier ceux de la Nature, s'abandonne plus que personne aux transports, aux ravissemens & à l'enthousiasme : & à en juger par la vivacité de ses descriptions, qui que ce soit ne fut plus sensible que lui aux beautés de l'Univers. On pourroit dire que sa Poësie fait plus de tort à l'hypothèse des Atomes que tous ses raisonnemens ne lui donnent de vrai-

Or de même que les objets sensibles, les images des Corps, les couleurs &

semblance. Ecoutons-le chanter un moment.

Alma Venus, Cœli subter labentia signa
Quæ mare navigerum, quæ terras frugiferentes
Concelebras . . . .
Quæ, quoniam rerum naturam sola gubernas,
Nec sine te quicquam Dias in luminis oras
Exoritur; neque fit lætum, neque amabile quicquam;
Te sociam studeo scribundis versibus esse.

Quand on a senti toute la grace de cette invocation, tout ce qu'on peut alléguer contre la beauté, ne doit faire qu'une impression bien legère.
Et ailleurs.

Belli fera munera mavors
Armipotens regit, in gremium qui sæpe tuum se
Rejicit æterno devinctus vulnere amoris . . .
Pascit amore avidos inhians in te, Dea, visus
Eque tuo pendet resupini spiritus ore . . . .
Hunc tu, Diva, tuo recubantem corpore sancto
Circumfusa super, suaves ex ore loquelas
Funde.

Je conviens que ces vers sont d'une grande beauté, dira-t'on. Il y a donc quelque chose

les ſons agiſſent perpétuellement ſur nos yeux, affectent nos ſens, lors

de beau ? *Sans doute, mais ce n'eſt pas dans la choſe décrite, c'eſt dans la deſcription : il n'eſt point de monſtre odieux qui par l'art imité ne puiſſe plaire aux yeux : quelque difforme que ſoit un Etre, (ſi toutesfois il y a difformité réelle), il plaira, pourvu qu'il ſoit bien repréſenté. Mais cette repréſentation qui me ravit, ne ſuppoſe aucune beauté dans la choſe : ce que j'admire, c'eſt la conformité de l'Objet & de la Peinture. La Peinture eſt belle ; mais l'Objet n'eſt ni beau ni laid.*

Pour ſatisfaire à cette objection, je demanderai ce qu'on entend par un *Monſtre.* Si l'on déſigne par ce terme un compoſé de parties raſſemblées au hazard, ſans liaiſon, ſans ordre, ſans harmonie, ſans proportion, j'oſe aſſurer que la repréſentation de cet Etre ne ſera pas moins choquante que l'Etre lui-même. En effet, ſi dans le deſſein d'une Tête, un Peintre s'étoit aviſé de placer les dents au-deſſous du menton, les yeux à l'occiput ; & la langue au front ; ſi toutes ces parties avoient encore entr'elles des grandeurs démeſurées ; ſi les dents étoient trop grandes & les yeux trop petits, relativement à la Tête entiere, la délicateſſe du pinceau ne nous fera jamais admirer cette figure. *Mais*, ajoutera-t'on, *ſi nous ne l'admirons pas, c'eſt qu'elle ne reſſemble à rien.* Cela ſuppoſé, je refais la même queſtion, qu'entendez-vous donc par un *Monſtre ?* Un Etre qui reſſemble à quelque choſe, tel que la

même

même que nous sommeillons. Les Etres intellectuels & moraux, non moins

Sirene, l'Hyppogrife, le Faune, le Sphinx, la Chimere, & les Dragons aîlés ? mais n'appercevez-vous pas que ces Enfans de l'imagination des Peintres & des Poëtes n'ont rien d'absurde dans leur conformation ; que, quoiqu'ils n'existent pas dans la Nature, ils n'ont rien de contradictoire aux idées de liaison, d'harmonie, d'ordre & de proportion : il y a plus ; n'est-il pas constant qu'aussi-tôt que ces figures pécheront contre ces idées, elles cesseront d'être belles ? Cependant puisque ces Etres n'existent point dans la Nature, qui est-ce qui a déterminé la longueur de la queuë de Sirene, l'étendue des aîles du Dragon, la position des yeux du Sphinx, & la grosseur de la cuisse veluë & du pied fourchu des Sylvains ? Car ces choses ne sont pas arbitraires. On peut répondre *que pour appeller beaux, ces Etres possibles, nous avons désiré sans fondement que la Peinture observât en eux les mêmes rapports que ceux que nous avons trouvé établis dans les Etres existans, & que c'est encore ici la ressemblance qui produit notre admiration.* La question se réduit donc enfin à sçavoir si c'est raison ou caprice qui nous a fait exiger l'observation de la loi des Etres réels dans la Peinture des Etres imaginaires ; question décidée, si l'on remarque que dans un Tableau, le Sphinx, l'Hyppogrife, & le Sylvain sont en action ou sont superflus : s'ils agissent, les voilà placés sur la toile, de même puiſſans ſur l'eſprit, l'appliquent & l'exercent en tout tems. Ces formes le captivent dans l'abſence même des réalités.

Mais le cœur regarde-t'il avec indifférence les eſquiſſes des mœurs que l'eſprit eſt forcé de tracer, & qui lui ſont preſque toujours preſentes ? Je m'en rapporte au ſentiment intérieur. Il me dit qu'auſſi néceſſité dans ſes jugemens, que

que l'Homme, la Femme, le Cheval & les autres Animaux ſont placés dans l'Univers : or dans l'Univers les devoirs à remplir déterminent l'organiſation : l'organiſation eſt plus ou moins parfaite ſelon le plus ou le moins de facilité que l'Automate en reçoit pour vaquer à ſes fonctions : car qu'eſt-ce qu'un bel Homme ? ſi ce n'eſt celui dont les membres bien proportionnés conſpirent de la façon la plus avantageuſe à l'accompliſſement des fonctions animales. Mais cet avantage de conformation n'eſt point imaginaire : les formes qui le produiſent ne ſont pas arbitraires, ni par conſéquent la beauté qui eſt une ſuite de ces formes. Tout cela eſt évident pour quiconque connoît un peu les proportions géométriques que doivent obſerver les parties du corps entr'elles pour conſtituer l'œconomie animale.

l'esprit dans ses opérations, sa corruption ne va jamais jusqu'à lui dérober totalement la différence du beau & du laid, & qu'il ne manquera pas d'approuver le naturel & l'honnête, & de rejetter le deshonnête & le dépravé, surtout dans les momens désintéressés : c'est alors un connoisseur équitable qui se promene dans une gallerie de Peintures, qui s'émerveille de la hardiesse de ce trait, qui sourit à la douceur de ce sentiment, qui se prête au tour de cette affection, & qui passe dédaigneusement sur tout ce qui blesse la belle Nature.

Les sentimens, les inclinations, les affections, les penchans, les dispositions, & conséquemment toute la conduite des Créatures dans les différens états de la vie sont les sujets d'une infinité de Tableaux exécutés par l'esprit qui saisit avec promptitude & rend avec vivacité & le bien & le mal. Nouvelle épreuve, nouvel exercice pour le cœur qui dans ſon état naturel & ſain eſt affecté du raiſonnable & du beau ; mais qui dans la dépravation renonce à ſes lumieres pour embraſſer le monſtrueux & le laid.

Par conſéquent, point de Vertu morale, point de mérite, ſans quelques notions claires & diſtinctes du bien général, & ſans une connoiſſance réfléchie de ce qui eſt moralement bien ou mal, digne d'admiration ou de haine, droit ou injuſte. Car quoique nous diſions communément d'un Cheval mauvais, qu'il eſt vicieux, on n'a jamais dit d'un bon Cheval ou de tout autre animal imbécile & ſtupide, pour docile qu'il fût, qu'il étoit méritant & vertueux.

Qu'une Créature ſoit généreuſe, douce, affable, ferme & compatiſſante ; ſi jamais elle n'a réfléchi ſur ce qu'elle pratique & voit pratiquer aux autres ; ſi elle ne s'eſt fait aucune idée nette & préciſe du bien & du mal ; ſi les charmes de la Vertu & de l'honnêteté ne ſont point les objets de ſon affection : Son caractère n'eſt point vertueux par principes : elle en eſt encore à acquérir cette connoiſſance active de la droiture qui devoit la déterminer ; cet amour déſintéreſſé de la Vertu qui ſeul pouvoit donner tout le prix à ſes actions.

Tout ce qui part d'une mauvaiſe affection eſt mauvais, inique & blâmable : mais ſi les affections ſont ſaines, ſi leur objet eſt avantageux à la ſociété & digne en tout tems de la pourſuite d'un Etre raiſonnable ; ces deux conditions réunies formeront ce qu'on appelle droiture, équité dans les actions.

Faire tort, ce n'eſt pas faire injuſtice: car un fils généreux peut, ſans ceſſer de l'être, tuer par malheur ou par mal-adreſſe, ſon Pere au lieu de l'ennemi dont il s'efforçoit de le garantir. mais ſi par une affection déplacée, il eût porté ſes ſecours à quelqu'autre, ou négligé les moyens de le conſerver par défaut de tendreſſe, il eût été coupable d'injuſtice.

Si l'objet de notre affection eſt raiſonnable, s'il eſt digne de notre ardeur & de nos ſoins; l'imperfection ou la foibleſſe des ſens ne nous rendent point coupables d'injuſtice. Suppoſons qu'un homme dont le jugement eſt entier & les affections ſaines, mais la conſtitution ſi bizarre & les organes ſi dépravés, qu'à travers ces miroirs trompeurs il n'apperçoive les objets que défigurés, eſtropiés & tout autres qu'ils ſont; il est évident que le défaut ne résidant point dans la partie supérieure & libre ; cette infortunée Créature ne peut passer pour vicieuse.

Il n'en est pas ainsi des opinions qu'on adopte, des idées qu'on se fait ou des Religions qu'on professe. Si dans une de ces Contrées jadis soumises aux plus extravagantes superstitions ; où les Chats, les Crocodiles, les Singes & d'autres animaux vils & mal-faisans, étoient adorés ; un de ces Idolâtres se fût saintement * persuadé qu'il étoit juste de préférer le salut d'un Chat au salut de son Pere, & qu'il ne pouvoit se dispenser en conscience de traiter en ennemi, quiconque ne professoit pas ce culte : ce fidele Croyant n'eut été qu'un homme détestable, & toute action fondée sur

* *O Sanctas gentes quibus hæc nascuntur in hortis numina !* Juv.

des dogmes pareils, ne peut être qu'injuſte, abominable & maudite.

Toute mépriſe ſur la valeur des choſes qui tend à détruire quelqu'affection raiſonnable, ou à en produire d'injuſtes, rend vicieux, & nul motif ne peut excuſer cette dépravation. Celui, par exemple, qui ſéduit par des vices brillans, a mal placé ſon eſtime, eſt vicieux lui-même. Il eſt quelquefois aiſé de remonter à l'origine de cette corruption nationale. Ici, c'eſt un Ambitieux qui vous étonne par le bruit de ſes exploits; là, c'eſt un Pirate, ou quelqu'injuſte Conquérant qui par des crimes illuſtres a ſurpris l'admiration des peuples, & mis en honneur des caractères qu'on devroit déteſter. Quiconque applaudit à ces *renommées*, ſe dégrade lui-même. Quant à celui qui croyant eſtimer & chérir un homme vertueux n'eſt que la dupe d'un ſcélérat hypocrite, il peut être un ſot; mais il n'eſt pas un méchant pour cela.

L'erreur de fait ne touchant point aux affections, ne produit point le vice; mais l'erreur de droit influe dans toute Créature raiſonnable & conſéquente, ſur ſes affections naturelles, & ne peut manquer de la rendre vicieuſe.

Mais il y a beaucoup d'occaſions où les matieres de droit ſont d'une diſcuſſion trop épineuſe, même pour les perſonnes les plus éclairées. * Dans ces circonſtances, une faute legere ne ſuffit

* Les erreurs particuliéres engendrent les erreurs populaires, & alternativement: on aime à perſuader aux autres ce que l'on croit, & l'on réſiſte difficilement à ce dont on voit les autres perſuadés. Il eſt preſqu'impoſſible de rejetter les opinions qui nous viennent de loin & comme de main en main; le moyen de donner un démenti à tant d'honnêtes-gens qui nous ont précédés! Les tems écartent d'ailleurs une infinité de circonſtances qui nous enhardiroient: ceux qui ſe ſont abbreuvés

pas pour dépouiller un homme du caractère & du titre de vertueux. Mais lorſque la ſuperſtition ou des coutumes barbares le précipitent dans de groſſiéres erreurs ſur l'emploi de ſes affections : lorſque ces bévûes ſont ſi fréquentes, ſi lourdes & ſi compliquées qu'elles tirent la Créature de ſon état naturel ; c'eſt-à-dire, lorſqu'elles exigent d'elle des ſentimens contraires à l'humaine ſociété, & pernicieux dans la vie civile ; céder, c'eſt renoncer à la Vertu.

Concluons donc que le Mérite ou la Vertu dépendent d'une connoiſſance de

ſucceſſivement de ces étrangetés, dit Montagne, ont ſenti par les oppoſitions qu'on leur a faites, où logeoit la difficulté de la perſuaſion, & ils ont calfeutré ces endroits de piéces nouvelles ; ils n'ont point craint d'ajouter de leur invention autant qu'ils le croyoient néceſſaire pour ſuppléer à la réſiſtance & au défaut qu'ils penſoient être en la conception d'autrui. Hiſtoire fidelle & naïve de l'origine & du progrès des erreurs populaires.

la justice & d'une fermeté de raison, capables de nous diriger dans l'emploi de nos affections. Notions de la justice, courage de la raison, ressources uniques dans le danger où l'on se trouve de consacrer ses efforts, & de prostituer son estime à des abominations, à des horreurs, à des idées destructives de toute affection naturelle. Affections naturelles, fondemens de la société, que les loix sanguinaires d'un point d'honneur & les principes erronés d'une fausse Religion tendent quelquefois à sapper. Loix & principes qui sont vicieux, & ne conduiront ceux qui les suivent qu'au crime & à la dépravation, puisque la justice & la raison les combattent. Quoi que ce soit donc qui, sous prétexte d'un bien présent ou futur, prescrive aux hommes de la part de Dieu, la trahison, l'ingratitude, & les cruautés. Quoi que ce ſoit, qui leur apprenne à perſécuter leurs ſemblables par bonne amitié, à tourmenter par paſſe-tems leurs Priſonniers de guerre, à ſouiller les Autels de ſang humain, à ſe tourmenter eux-mêmes, à ſe macérer cruellement, à ſe déchirer dans des accès * de zèle en preſence de leurs Divinités & à

* Domptez vos paſſions, dit la Religion: conſervez-vous, dit la Nature. Il eſt toujours poſſible de ſatisfaire à l'une & à l'autre; du moins il faut le ſuppoſer, car il ſeroit bien ſingulier qu'il y eût un cas où l'on ſeroit forcé de devenir homicide de ſoi-même, pour être vertueux. C'eſt ce que les Piétiſtes outrés ne manqueroient pas d'appercevoir, s'ils oſoient conſulter la Raiſon. Celui qui fatigué de lutter contre lui-même finiroit la querelle d'un coup de piſtolet, ſeroit un enragé, leur diroit-elle. Mais celui qui révolté de ce procédé bruſque, prendroit par amour de Dieu & pour le bien de ſon ame, chaque jour, une doſe legere d'un poiſon qui le conduiroit inſenſiblement au tombeau, ſeroit-il moins fol? non ſans doute. Si le crime eſt dans le *ſuicide*, qu'importe qu'on ſe tue par des jeûnes & des veilles, de l'arſenic ou du ſublimé? dans un inſtant ou dans l'eſpace de dix années? avec un cilice & des fouets, un piſtolet ou un

commettre, pour les honorer ou pour leur complaire, quelque action inhumaine & brutale ; qu'ils refusent d'obéir, s'ils sont vertueux ; & qu'ils ne permettent point aux vains applaudissemens de la coutume, ou aux Oracles imposteurs de la superstition, d'étouffer les cris de la Nature & les conseils de la Vertu. Toutes ces actions que l'humanité * proscrit, seront toujours des horreurs en dépit des coutumes barba-

poignard ? C'est disputer sur la forme du crime ; c'est s'excuser sur la couleur du poison. Telle étoit la pensée de Saint Augustin. Ceux qui croyent honorer Dieu par ces excès sont dans la même superstition que ces Payens dont il dit dans son Traité merveilleux de la Cité de Dieu, *tantus est perturbatæ mentis & sedibus suis pulsæ furor, ut sic dii placentur, quemadmodùm ne homines quidem sæviunt.*

* La hardiesse d'un Egyptien esprit fort, qui bravant la doctrine du sacré Collége eût refusé de porter son hommage à des Etres destinés à sa nourriture & d'adorer un Chat, un Crocodile, un Oignon, eût été pleinement justifiée par l'absurdité de cette croyance.

res, des loix capricieuses, & des faux cultes qui les auront ordonnées. Mais rien ne peut altérer les loix éternelles de la Justice.

SECTION QUATRIEME.

Les Créatures qui ne sont affectées que par les objets sensibles sont bon-

Tout dogme qui conduit à des infractions grossiéres de la Loi Naturelle ne peut être respecté en sureté de conscience. Lorsque la Nature & la Morale se récrient contre la voix des Ministres, l'obéissance est un crime. Qui niera que le crédule Egyptien qui pour donner du secours à son Dieu, eut laissé périr son Pere, n'eût été un vrai parricide ? Si l'on me dit jamais, trahi, vole, pille, tue ; c'est ton Dieu qui l'ordonne ; je répondrai sans examen : trahir, voler, piller, tuer, sont des crimes, donc Dieu ne me l'ordonne pas. La pureté de la morale peut faire présumer la vérité d'un culte ; mais si la morale est corrompue, le culte qui préconise cette dépravation, est démontré faux. Quel avantage cette réflexion seule ne donne-t'elle pas au Christianisme, sur toutes les autres Religions ! Quelle morale comparable à celle de Jesus-Christ !

nes ou mauvaiſes, ſelon que leurs affections ſenſibles ſont bien ou mal ordonnées. Mais c'eſt tout autre choſe, dans les Créatures capables de trouver dans le bien ou le mal moral, des motifs raiſonnés de tendreſſe ou d'averſion ; car dans un individu de cette eſpece, quelque déréglées que ſoient les affections ſenſibles, le caractère ſera bon & l'individu vertueux, tant que ces penchans libertins demeureront ſubordonnés aux affections réfléchies dont nous avons parlé.

Il y a plus. Si le tempérament eſt bouillant, colère, amoureux ; & ſi la Créature domptant ces paſſions, s'attache à la vertu, en dépit de leurs efforts ; nous diſons alors que ſon mérite en eſt d'autant plus grand, & nous avons raiſon. Si toutefois l'intérêt privé étoit la ſeule digue qui la retînt ; ſi, ſans égard pour les charmes de la vertu, son unique bien étoit le fléau de ses vices; nous avons démontré qu'elle n'en seroit pas plus vertueuse: mais il est certain que si, de plein gré & sans aucun motif bas & servile, l'homme colère étouffe sa passion, & le luxurieux réprime ses mouvemens; si tous deux supérieurs à la violence de leurs penchans, ils sont devenus, l'un modeste & l'autre tranquille & doux; nous applaudirons à leur vertu, beaucoup plus hautement que s'ils n'avoient point eu d'obstacles à surmonter. Quoi donc! le penchant au vice seroit-il un relief pour la vertu? Des inclinations perverses seroient-elles nécessaires pour *parfaire* l'homme vertueux?

Voici à quoi se réduit cette espece de difficulté. Si les affections libertines se révoltent par quelqu'endroit, pourvû que leur

leur effort soit souverainement réprimé; c'est une preuve incontestable que la vertu maîtresse du caractère, y prédomine : mais si la Créature vertueuse à meilleur compte, n'éprouve aucune sédition de la part de ses passions, on peut dire qu'elle suit les principes de la vertu, sans donner d'exercice à ses forces. La vertu qui n'a point d'ennemis à combattre dans ce dernier cas, n'en est peut-être pas moins puissante; & celui qui dans le premier cas, a vaincu ses ennemis, n'en est pas moins vertueux. Au contraire, débarrassé des obstacles qui s'opposoient à ses progrès, il peut se livrer entiérement à la vertu & la posséder dans un degré plus éminent.

C'est ainsi que la vertu se partage en degrés inégaux chez l'espéce raisonnable; c'est-à-dire chez les hommes, quoiqu'il n'y en ait pas un entr'eux peut-être, qui jouiſſe de cette raiſon ſaine & ſolide qui ſeule peut conſtituer un caractère uniforme & parfait. C'eſt ainſi qu'avec la vertu, le vice diſpoſe de leur conduite, alternativement vainqueur & vaincu : car il eſt évident par ce que nous avons dit juſqu'à préſent que, quel que ſoit dans une Créature, le déſordre des affections tant par rapport aux objets ſenſibles, que par rapport aux Etres intellectuels & moraux; quelqu'effrénés que ſoient ſes principes; quelque furieuſe, impudique ou cruelle qu'elle ſoit devenue; ſi toutefois il lui reſte la moindre ſenſibilité pour les charmes de la vertu; ſi elle donne encore quelque ſigne de bonté, de commiſération, de douceur, ou de reconnoiſſance; il eſt, dis-je, évident, que la vertu n'eſt pas morte en elle & qu'elle n'eſt pas entiérement vicieuſe & dénaturée.

Un criminel qui par un ſentiment d'honneur & de fidélité pour ſes complices, refuſe de les déclarer, & qui, plutôt que de les trahir, endure les derniers tourmens & la mort même, a certainement quelques principes de vertu; mais qu'il déplace. C'eſt auſſi le jugement qu'il faut porter de ce malfaiteur qui plutôt que d'exécuter ſes compagnons, aima mieux mourir avec eux.

Nous avons vû combien il étoit difficile de dire de quelqu'un qu'il étoit un parfait Athée; il paroît maintenant qu'il ne l'eſt gueres moins d'aſſurer qu'un homme eſt parfaitement vicieux. Il reſte aux plus grands ſcélerats toujours quelqu'étincelle de vertu, & un mot des plus juſtes que je connoiſſe, c'eſt celui-ci: « Rien n'eſt auſſi rare qu'un parfaitement honnête homme; ſi ce n'eſt peut-être un parfait ſcélerat: car par-tout où il y a la moindre affection intégre, il y a, à parler exactement, quelque germe de vertu.

Après avoir examiné ce que c'eſt que la vertu en elle-même, nous allons conſidérer comment elle s'accorde avec les différens ſyſtêmes concernant la Divinité.

TROISIEME PARTIE.

PREMIERE SECTION.

PUISQUE l'eſſence de la vertu conſiſte, comme nous l'avons démontré, dans une juſte diſpoſition, dans une affection tempérée de la Créature raiſonnable pour les objets intellectuels & moraux de la juſtice, afin d'anéantir ou d'énerver en elle les principes de la vertu, il faut,

1°. Ou lui ôter le ſentiment & les idées naturelles d'injuſtice & d'équité.

2°. Ou lui en donner de fauſſes idées.

3°. Ou ſoulever contre ce ſentiment intérieur d'autres affections.

De l'autre côté, pour accroître & fortifier les principes de la vertu, il faut,

1°. Ou nourrir & aiguiſer, pour ainſi dire, le ſentiment de droiture & de juſtice.

2°. Ou l'entretenir dans toute ſa pureté.

3°. Ou lui ſoumettre toute autre affection.

Conſidérons maintenant quel eſt celui de ces effets, que chaque hypothèſe concernant la Divinité doit naturellement produire, ou tout au moins favoriſer.

PREMIER EFFET.

Priver la Créature du ſentiment naturel d'injuſtice & d'équité.

On ne nous ſoupçonnera pas ſans doute d'entendre par « priver la Créa- » ture du ſentiment naturel d'injuſtice » & d'équité » effacer en elle toute notion du bien & du mal relatifs à la Société. Car qu'il y ait bien & mal par rapport à l'eſpece, c'eſt un point qu'on ne peut totalement obſcurcir. L'intérêt public eſt une choſe généralement avouée : & rien de mieux connu de chaque particulier, que ce qui les concerne tous en général. Ainſi quand nous dirons qu'une Créature a perdu tout ſentiment de droiture & d'injuſtice, nous ſuppoſerons au contraire qu'elle eſt toujours capable de diſcerner le bien & le mal relatifs à ſon eſpece ; mais qu'elle y eſt devenue parfaitement inſenſible, & que l'excellence & la baſſeſſe des actions morales n'excitent plus en elle ni eſtime ni averſion : de ſorte que, ſans un intérêt particulier & des plus étroitement concentré qui vit toujours en elle & qui lui arrache quelquefois des jugemens favorables à la vertu, on pourroit dire qu'elle n'affectionne dans les mœurs ni laideur ni beauté, & que tout y eſt par rapport à elle d'une monſtrueuſe uniformité.

Une Créature raiſonnable qui en offenſe une autre mal à propos, ſent que l'appréhenſion d'un traitement égal doit ſoulever contre elle le reſſentiment & l'animoſité de celles qui l'obſervent. Celui qui fait tort à un ſeul, ſe reconnoît intérieurement pour auſſi odieux à chacun, que s'il les avoit tous offenſés.

Le crime trouve donc pour ennemis

tous ceux qu'il allarme ; & par la raiſon des contraires, la vertu d'un particulier a droit à la bienveillance & aux récompenſes de tout le monde. Ce ſentiment n'eſt pas étranger aux hommes les plus méchans. Lors donc qu'on parle du ſentiment naturel d'injuſtice & d'équité, ſi par cette expreſſion on prétend déſigner quelque choſe de plus que ce que nous venons de dire, c'eſt ſans doute cette vive antipathie pour l'injuſtice & cette affection tendre pour la droiture, particulieres aux profondément honnêtes gens.

Qu'une Créature ſenſible puiſſe naître ſi dépravée, ſi mal conſtituée, que la connoiſſance des objets qui ſont à ſa portée, n'excite en elle aucune affection : qu'elle ſoit originellement incapable d'amour, de pitié, de reconnoiſſance & de toute autre paſſion ſociale ;

c'eſt une hypothèſe chimérique. Qu'une Créature raiſonnable, quelque tempérament qu'elle ait reçu de la nature, ait ſenti l'impreſſion des objets proportionnés à ſes facultés ; que les images de la juſtice, de la généroſité, de la tempérance & des autres vertus ſe ſoient gravées dans ſon eſprit, & qu'elle n'a. éprouvé aucun penchant pour ces qualités, aucune averſion pour leurs contraires ; qu'elle ſoit demeurée vis-à-vis de ces repréſentations dans une parfaite neutralité ; c'eſt une autre chimère. L'eſprit ne ſe conçoit non plus ſans affection pour les choſes qu'il connoît, que ſans la puiſſance de connoître ; mais s'il eſt une fois en état de ſe former des idées d'action, de paſſion, de tempérament & de mœurs, il diſcernera dans ces objets laideur & beauté auſſi néceſſairement que l'œil apperçoit rapports & difproportions dans les figures & que l'oreille ſent harmonie & diſſonance dans les ſons. On pourroit ſoutenir contre nous qu'il n'y a ni charmes ni difformité réelle dans les objets intellectuels & moraux ; mais on ne diſconviendra jamais qu'il n'y en ait d'imaginés & dont le pouvoir eſt grand. Si l'on nie que la choſe ſoit dans la nature, on avouera du moins que c'eſt de la nature que nous tenons l'idée qu'elle y exiſte : car la prévention naturelle en faveur de cette diſtinction de laideur & de beauté morales eſt ſi puiſſante ; cette différence dans les objets intellectuels & moraux préoccupe tellement notre eſprit, qu'il faut de l'art, de violens efforts, un exercice continué & de pénibles méditations pour l'obſcurcir.

Le ſentiment d'injuſtice & d'équité nous étant auſſi naturel que nos affections : cette qualité étant un des premiers elémens de notre conſtitution, il n'y a point de ſpéculation, de croyance, de perſuaſion, de culte capable de l'anéantir immédiatement & directement. Déplacer ce qui nous eſt naturel, c'eſt l'ouvrage d'une longue habitude ; autre nature. Or la diſtinction d'injuſtice & d'équité nous eſt originelle : appercevoir dans les Etres intellectuels & moraux, laideur & beauté, c'eſt une opération auſſi naturelle & peut-être antérieure dans notre eſprit à l'opération ſemblable ſur les Etres organiſés. Il n'y a donc qu'un exercice contraire qui puiſſe la troubler pour toujours ou la ſuſpendre pour un tems.

Nous ſçavons tous que ſi par défaut de conformation, par accident ou par habitude, on prend une contenance deſagréable, on contracte un tic ridicule, on affecte quelque geste choquant, toute l'attention, tous les soins, toutes les précautions qu'un désir sincère de s'en défaire peut suggérer, suffisent à peine pour en venir à bout. La nature est bien autrement opiniâtre. Elle s'afflige & s'irrite sous le joug, toujours prête à le secouer : c'est un travail sans fin que de la maîtriser. L'indocilité de l'esprit est prodigieuse, sur-tout quand il est question des sentimens naturels & de ces idées anticipées, telles que la distinction de la droiture & de l'injustice. On a beau les combattre & se tourmenter ; ce sont des hôtes intraitables contre lesquels il faut recourir aux grands expédients, aux derniéres violences. La plus extravagante superstition, l'opinion nationale la plus absurde ne les excluront jamais parfaitement.

Comme le Déisme, le Théisme, l'Athéiſme & même le Démoniſme n'ont aucune action immédiate & directe, relativement à la diſtinction morale de la droiture & de l'injuſtice ; comme tout culte ſoit impie ſoit religieux n'opere ſur cette idée naturelle & premiere que par l'intervention & la révolte des autres affections ; nous ne parlerons de l'effet de ces hypothèſes que dans la troiſiéme ſection, où nous examinerons l'accord ou l'oppoſition des affections avec le ſentiment naturel par lequel nous diſtinguons la droiture de l'injuſtice.

SECTION SECONDE

SECOND EFFET.

Dépraver le ſentiment naturel de la droiture & de l'injuſtice.

Cet effet ne peut être que le fruit de la coutume & de l'éducation dont les forces ſe réuniſſent quelquefois contre celles de la nature, comme on peut le remarquer dans ces contrées où l'uſage & la politique encouragent par des applaudiſſemens & conſacrent par des marques d'honneur des actions naturellement odieuſes & deshonnêtes. C'eſt à l'aide de ces preſtiges qu'un homme ſe ſurmontant lui-même, s'imagine ſervir ſa Patrie, étendre la terreur de ſa Nation, travailler à ſa propre gloire & faire un acte héroïque, en mangeant en dépit de la nature & de ſon eſtomac, la chair de ſon ennemi.

Mais pour en venir aux différens systêmes concernant la divinité & à l'effet qu'ils produisent dans ce cas ;

D'abord il ne paroît pas que l'Athéisme ait aucune influence diamétralement contraire à la pureté du sentiment naturel de la droiture & de l'injustice. Un malheureux que cette hypothèse aura jetté & entretenu dans une longue habitude de crimes, peut avoir les idées de justice & d'honnêteté fort obscurcies ; mais elle ne le conduit point par elle-même à regarder comme grande & belle une action vile & deshonnête. Ce systême moins dangereux en ceci seulement que la superstition, ne prêche point qu'il est beau de s'accoupler avec des animaux, ou de s'assouvir de la chair de son ennemi. Mais il n'y a point d'horreurs, point d'abominations qui ne puissent être embrassées comme des choses excellentes, louables & ſaintes, ſi quelque culte dépravé les ordonne *.

* Sans entrer dans un long détail ſur cette matiére, je citerai ſeulement deux exemples qu'on lit chap. 2. ſect. 9. pag. 29. de l'Eſſai Philoſophique ſur l'entendement humain : Il eſt difficile de ſe refuſer au témoignage d'un Voyageur, lorſqu'il eſt ſcellé de l'autorité d'un Ecrivain tel que LOCK. Les Topinambous ne connoiſſent pas de meilleurs moyens pour aller en Paradis que de ſe venger cruellement de leurs ennemis & d'en manger le plus qu'ils peuvent. Ceux que les Turcs canoniſent & mettent au nombre des Saints, menent une vie qu'on ne peut rapporter ſans bleſſer la pudeur. Il y a ſur ce ſujet un endroit fort remarquable dans le voyage de Baum-Garten. Comme ce Livre eſt aſſez rare, je tranſcrirai ici le paſſage tout au long dans la même langue qu'il a été publié. *Ibi (ſcil. prope Belbes in Ægypto) vidimus ſanctum unum Saracenicum inter arenarum cumulos, ita ut ex utero matris prodiit, nudum ſedentem. Mos eſt, ut didicimus, Mahometiſtis, ut eos qui amentes & ſine ratione ſunt, pro ſanctis colant & venerentur. Inſuper & eos qui, cùm diu vitam egerint inquinatiſſimam, voluntariam demum pœnitentiam & paupertatem, ſanctitate venerandos deputant. Ejuſmodi vero genus hominum libertatem quamdam effrænem habent, domos quas volunt intrandi, edendi, bibendi, & quod majus eſt concumbendi : ex quo concubitu ſi proles ſecuta fuerit, ſancta ſimiliter habetur. His ergo hominibus*

Et

Et Je ne vois point en cela de prodige ; car toutes les fois que sous l'autorité prétendue ou le bon plaisir des Dieux, la superstition exige quelque action détestable ; si malgré le voile sacré dont on l'enveloppe, le fidéle en pénétre l'énormité ; de quel œil verra-t'il les objets de son culte * ? en portant aux pieds de leurs autels, des offrandes que la crainte lui arrache ; il les traitera dans le fond de

dum vivunt, magnos exhibent honores ; mortuis verò vel templa vel monumenta exstruunt amplissima, eosque sepelire vel contingere maximæ fortunæ ducunt loco. Audivimus hæc dicta & dicenda per interpretem à Mureclo nostro. Insuper sanctum illum, quem eo loci vidimus, publicitus apprimè commendari, eum esse hominem sanctum, divinum ac integritate præcipuum ; eo quod nec fæminarum unquam esset nec puerorum, sed tantummodò asellarum concubitor atque mularum. On peut voir encore au sujet de cette espece de Saints si fort respectés par les Turcs, ce qu'en a dit Pietro della Valle, dans une Lettre du 25 Janv. 1616.

* Faites rougir ces Dieux qui vous ont condamnée. *Rac. Iph. act. 4. scen. 4.*

ſon cœur ; comme des tyrans odieux & méchans : mais c'eſt ce que ſa Religion lui défend expreſſément de penſer : » les Dieux ne ſe contentent pas d'en- » cens, lui crie-t'elle ; il faut que l'e- » ſtime accompagne l'hommage. » Le voilà donc forcé d'aimer & d'admirer des Etres qui lui paroiſſent injuſtes, de reſpecter leurs commandemens, d'accomplir en aveugle les crimes qu'ils ordonnent, & par conſéquent de prendre pour ſaint & pour bon, ce qui eſt en ſoi horrible & déteſtable.

Si Jupiter eſt le Dieu qu'on adore, & ſi ſon hiſtoire le repréſente d'un tempérament amoureux & ſe livrant ſans pudeur à toute l'étendue de ſes deſirs ; il eſt conſtant qu'en prenant ce récit à la lettre, ſon adorateur doit regarder l'impudicité comme une Vertu *. Si la

* Exprimer les ſentimens & les mœurs d'un

ſuperſtition éleve ſur des autels un Etre

Peuple dans ſa conduite ordinare & familiére, c'eſt le propre de la Comédie ; & dans Terence ſur-tout. Or voici ce que ce Poëte fait dire à un jeune Libertin qui ſe ſert de l'exemple de ſes Dieux pour juſtifier une vile métamorphoſe, & s'encourager à une action infâme.

... Dum apparatur, virgo in conclavi ſedet.
Suſpectans tabulam quandam pictam, ubi inerat pictura hæc ; Jovem
Quo pacto Danaæ miſiſſe, aiunt, quondam in gremium imbrem aureum.
Ego met quoque id ſpectare cæpi, & quia conſimilem luſerat
Jam olim ille ludum, impendio magis animum gaudebat mihi,
Deum ſeſe in hominem convertiſſe, atque per alienas tegulas
Veniſſe clanculùm per impluvium, fucum factum mulieri.
At quem Deum ! qui templa Cœli ſumma ſonitu concutit ;
Ego homuncio hoc non facerem ? ego verò illud feci & lubens.

Terent. Eun. act. 3. ſcen. 5.

Et Petrone l'Auteur de ſon tems qui connoiſſoit le mieux les hommes, & qui en a peint vindicatif, colère, rancunier, sophiste; lançant ses foudres au hazard, & punissant quand il est offensé, d'autres que ceux qui lui ont fait injure : si pour finir son caractère, il aime la supercherie; s'il encourage les hommes au parjure & à la trahison; & si par une injuste prédilection, il comble de ses biens un petit nombre de favoris, je ne doute point qu'à l'aide des Ministres & des Poëtes, le Peuple ne respecte incessamment toutes ces imperfections, & ne prenne d'heureuses dispositions à la vengeance, à la haine, à la fourberie, au caprice & à la partialité : car il est aisé

le plus vivement les mœurs, a dit; *ne bonam quidem mentem aut bonam valetudinem petunt : sed statim, antequam limen Capitolii tangunt, alius donum promittit, si propiquum divitem extulerit; alius, si ad trecenties H. S. salvus pervenerit. Ipse senatus, recti bonique præceptor, mille pondo auri Capitolio promittere solet; & ne quis dubitet pecuniam concupiscere, Jovem quoque peculio exorat.*

de métamorphoser des vices grossiers en qualités éclatantes, quand on vient à les rencontrer dans un Etre sur lequel on ne léve les yeux qu'avec admiration.

Cependant il faut avouer que, si le culte est vuide d'amour, d'estime & de cordialité ; si c'est un pur cérémonial auquel on est entraîné par la coutume & par l'exemple, par la crainte ou par la violence, l'Adorateur n'est pas en grand danger d'altérer ses idées naturelles : car si, tandis qu'il satisfait aux préceptes de sa Religion ; qu'il s'occupe à se concilier les faveurs de sa Divinité, en obéissant à ses ordres prétendus, c'est l'effroi qui le détermine : s'il consomme à regret un sacrifice qu'il déteste au fond de son ame, comme une action barbare & dénaturée ; ce n'est pas à son Dieu dont il entrevoit la méchanceté, qu'il rend hommage ;

c'eſt proprement à l'équité naturelle dont il reſpecte le ſentiment, dans l'inſtant même de l'infraction. Tel eſt dans le vrai ſon état ; quelque réſervé qu'il puiſſe être à prononcer entre ſon cœur & ſa Religion, & à former un ſyſtême raiſonné ſur la contradiction de ſes idées avec les préceptes de ſa Loi. Mais perſévérant dans ſa crédulité & répétant ſes pieux exercices, ſe familiariſe-t'il à la longue avec la méchanceté, la tyrannie, la rancune, la partialité, la bizarrerie de ſon Dieu ? il ſe réconciliera proportionnellement avec les qualités qu'il abhorroit en lui ; & telle ſera la force de cet exemple, qu'il en viendra juſqu'à regarder les actions les plus cruelles & les plus barbares, je ne dis pas comme bonnes & juſtes ; mais comme grandes, nobles, divines & dignes d'être imitées.

Celui qui admet un Dieu vrai, juste & bon, suppose une droiture & une injustice, un vrai & un faux, une bonté & une malice, indépendans de cet Etre suprême, & par lesquels il juge qu'un Dieu doit être vrai, juste & bon. Car si ses décrets, ses actions, ou ses loix constituoient la bonté, la justice, & la vérité; assurer de Dieu qu'il est vrai, juste & bon, ce seroit ne rien dire : puisque, si cet Etre affirmoit les deux parties d'une proposition contradictoire, elles seroient vrayes l'une & l'autre : si sans raison, il condamnoit une Créature à souffrir pour le crime d'autrui; où s'il destinoit sans sujet & sans distinction, les uns à la peine & les autres aux plaisirs, tous ces jugemens seroient équitables. En conséquence d'une telle supposition, assurer qu'une chose est vraye ou fausse, juſte ou inique, bonne ou mauvaiſe ; c'eſt dire des mots, & parler ſans s'entendre.

D'où je conclus que rendre un culte ſincére & réel à quelque Etre ſuprême qu'on connoît pour injuſte & méchant, c'eſt s'expoſer à perdre tout ſentiment d'équité, toute idée de juſtice, & toute notion de vérité. Le zèle doit à la longue ſupplanter la probité, dans celui qui profeſſe de bonne-foi une Religion dont les préceptes ſont oppoſés aux principes fondamentaux de la Morale.

Si la méchanceté reconnue d'un Etre ſuprême influe ſur ſes adorateurs ; ſi elle déprave les affections, confond les idées de vérité, de juſtice, de bonté, & ſappe la diſtinction naturelle de la droiture & de l'injuſtice ; rien au contraire n'eſt plus propre à modérer les paſſions, à rectifier les idées & à fortifier l'amour de la justice & de la vérité que la croyance d'un Dieu que son histoire représente en toute occasion, comme un modèle de véracité, de justice & de bonté. La persuasion d'une Providence Divine qui s'étend à tout, & dont l'Univers entier ressent constamment les effets, est un puissant aiguillon pour nous engager à suivre les mêmes principes dans les bornes étroites de notre sphère. Mais si dans notre conduite, nous ne perdons jamais de vue les intérêts généraux de notre espece; si le bien public est notre boussole, il est impossible que nous errions jamais dans les jugemens que nous porterons de la droiture & de l'injustice.

Ainsi, quant au second effet; la Religion produira beaucoup de mal ou beaucoup de bien, selon qu'elle sera bonne ou mauvaise. Il n'en est pas de même de l'Athéïſme : il peut à la vérité occaſionner la confuſion des idées d'injuſtice & d'équité ; mais ce n'eſt pas en qualité pure & ſimple d'Athéïſme : c'eſt un mal réſervé aux cultes dépravés, & à toutes ces opinions fantaſques concernant la Divinité ; monſtrueuſe famille qui tire ſon origine de la ſuperſtition, & que la crédulité perpétue.

SECTION TROISIEME.

TROISIEME EFFET.

Révolter les affections contre le ſentiment naturel de droiture & d'injuſtice.

Il eſt évident que les principes d'intégrité feront des régles de conduite pour la Créature qui les poſſede, s'ils ne trouvent aucune oppoſition de la part de quelque penchant entiérement tourné à ſon intérêt particulier ou de ces paſſions bruſques & violentes qui subjuguant tout sentiment d'équité, éclipsent même en elle les idées de son bien privé & la jettent hors de ces voyes familiéres qui la conduisent au bonheur.

Notre dessein n'est pas d'examiner ici par quel moyen ce désordre s'introduit & s'accroît ; mais de considérer seulement quelles influences favorables ou contraires, il reçoit des sentimens divers concernant la Divinité.

Qu'il soit possible qu'une Créature ait été frappée de la laideur & de la beauté des objets intellectuels & moraux, & conséquemment que la distinction de la droiture & de l'injustice lui soit familiére, long-tems avant que d'avoir eu des notions claires & distinctes de la Divinité ; c'est une chose presque indubitable. * En effet conçoit-on qu'un

* Qu'une société d'Hommes n'ait eu ni Dieux, ni Autels, ni même de nom dans sa

Etre tel que l'homme en qui la faculté

langue pour déſigner un Etre ſuprême ; qu'un Peuple entier ait croupi dans l'Athéïſme long-tems après avoir été policé ; c'eſt ce qui eſt arrivé. " La réalité de l'Athéïſme ſpéculatif „ négatif, (dit M. l'Abbé Delachambre dans „ ſon Traité de la véritable Religion Tom. 1. „ pag. 7.) n'eſt ni moins certaine ni moins „ inconteſtable : combien y a-t'il encore de „ Peuples ſur la Terre qui n'ont aucune idée „ d'une Divinité ſouveraine, ſoit parce qu'ils „ ſont ſtupides & incapables de tout raiſon- „ nement ; ſoit parce qu'ils n'ont jamais penſé „ à réfléchir ſur ce point. „ C'eſt ce qui eſt arrivé, dis-je, & ce qui ne doit pas extrêmement ſurprendre. Les miracles de la Nature ſont expoſés à nos yeux, long-tems avant que nous ayons aſſez de raiſon pour en être éclairés. Si nous arrivions dans ce Monde avec cette raiſon que nous portâmes dans la Salle de l'Opera, la premiere fois que nous y entrâmes ; & ſi la toile ſe levoit bruſquement ; frappés de la grandeur, de la magnificence & du jeu des Décorations, nous n'aurions pas la force de nous refuſer à la connoiſſance de l'Ouvrier éternel qui a préparé le Spectacle : mais qui s'aviſe de s'émerveiller de ce qu'il voit depuis cinquante ans ? Les uns occupés de leurs beſoins n'ont guéres eu le tems de ſe livrer à des ſpéculations Métaphyſiques : le lever de l'Aſtre du jour les appelloit au travail : la plus belle nuit, la nuit la plus touchante étoit muette pour eux, ou ne leur diſoit autre choſe, ſinon qu'il étoit l'heure du repos. Les autres de penſer & de réfléchir s'étend par des degrés inſenſibles & lents, ſoit, moralement parlant, aſſez exercée au ſortir du berceau pour ſentir la juſteſſe & la liaiſon de ces ſpéculations déliées & de ces raiſonnemens ſubtils & métaphyſiques ſur l'exiſtence d'un Dieu.

Mais ſuppoſons qu'une Créature incapable de penſer & de réfléchir, ait toutefois de bonnes qualités & quelques affections droites; qu'elle aime ſon eſpéce; qu'elle ſoit courageuſe, reconnoiſſante & miſéricordieuſe; il eſt certain que, dans le même inſtant que vous accorderez à cet Automate la

moins occupés, ou n'ont jamais eu l'occaſion d'interroger la Nature, ou n'ont pas eu l'eſprit d'entendre ſa réponſe. Le génie Philoſophe dont la ſagacité ſecouant le joug de l'habitude, s'étonna le premier des prodiges qui l'environnoient, deſcendit en lui-même, ſe demanda & ſe rendit raiſon de tout ce qu'il voyoit, a pû ſe faire attendre long-tems & mourir ſans avoir accrédité ſes opinions.

faculté de raisonner, il approuvera ces penchans honnêtes ; qu'il se complaira dans ces affections sociales ; qu'il y trouvera de la douceur & des charmes, & que les passions contraires lui paroîtront odieuses. Or le voilà dès-lors frappé de la différence de la droiture & de l'injustice, & capable de Vertu.

On peut donc supposer qu'une Créature avoit des idées de droiture & d'injustice, & que la connoissance du Vice & de la Vertu la préoccupoit, avant que de posséder des notions claires & distinctes de la Divinité. L'expérience vient encore à l'appui de cette supposition ; car chez les Peuples qui n'ont pas ombre de Religion, ne remarque-t'on pas entre les hommes la même diversité de caractères que dans les contrées éclairées ? Le Vice & la Vertu morale ne les différencient-ils pas entr'eux ? Tandis que les uns ſont orgueilleux, durs & cruels, & conſéquemment enclins à approuver les actes violens & tyranniques ; d'autres ſont naturellement affables, doux, modeſtes, généreux, & dès-lors amis des affections paiſibles & ſociales.

Pour déterminer maintenant ce que la connoiſſance d'un Dieu opére ſur les hommes ; il faut ſçavoir par quels motifs & ſur quel fondement, ils lui portent leurs hommages & ſe conforment à ſes ordres. C'eſt, ou relativement à ſa toute-puiſſance & dans la ſuppoſition qu'ils en ont des biens à eſpérer & des maux à craindre ; ou relativement à ſon excellence, & dans la penſée qu'imiter ſa conduite, c'eſt le dernier degré de la perfection.

En premier lieu. Si le Dieu qu'on adore n'eſt qu'un Etre puiſſant ſur la

Créature qui ne lui porte ſon hommage que par le ſeul motif d'une crainte ſervile ou d'une eſpérance mercénaire : ſi les récompenſes qu'elle attend, ou les châtimens qu'elle redoute, la contraignent à faire le bien qu'elle haït ou à s'éloigner du mal qu'elle affectionne ; nous avons démontré qu'il n'y avoit en elle, ni Vertu, ni Bonté. Cet adorateur ſervile avec une conduite irréprochable devant les hommes, ne mérite non plus devant Dieu que s'il avoit ſuivi ſans frayeur la perverſité de ſes affections. Il n'y a non plus de piété, de droiture, de ſainteté dans une Créature ainſi réformée, que d'innocence & de ſobriété dans un Singe ſous le foüet ; que de douceur & de docilité dans un Tigre enchaîné. Car quelles que ſoient les actions de ces Animaux, ou de l'Homme à leur place ; tant que l'affection ſera la même ;

que

que le cœur ſera rebelle ; que la crainte dominera & inclinera la volonté ; l'obéiſſance & tout ce que la frayeur produira, ſera bas & ſervile. Plus prompte ſera l'obéiſſance, plus profonde la ſoumiſſion ; plus il y aura de baſſeſſe & de lâcheté, quel que ſoit leur objet. Que le Maître ſoit mauvais ou bon ? qu'importe, ſi l'Eſclave eſt toujours le même. Je dis plus : ſi l'Eſclave n'obéit que par une crainte hypocrite à un Maître plein de bonté ; ſa nature n'en eſt que plus méchante & ſon ſervice que plus vil. Cette diſpoſition habituelle décele un attachement ſouverain à ſes propres intérêts & une entiere dépravation dans le caractère.

En ſecond lieu. Si le Dieu d'un Peuple eſt un Etre excellent & qui ſoit adoré comme tel ; ſi, faiſant abſtraction de ſa puiſſance, c'eſt particuliérement à sa bonté que l'on rend hommage ; si l'on remarque dans le caractère que ses Ministres lui donnent, & dans les histoires qu'ils en racontent, une prédilection pour la Vertu, & une affection générale pour tous les Etres : certes, un si beau modèle ne peut manquer d'encourager au bien & de fortifier l'amour de la Justice, contre les affections ennemies.

Mais une autre motif se joint encore à la force de l'exemple pour produire ce grand effet. Un Théiste parfait est fortement persuadé de la prééminence d'un Etre tout-puissant, spectateur de la conduite humaine & témoin oculaire de tout ce qui se passe dans l'Univers. Dans la retraite la plus obscure, dans la solitude la plus profonde, son Dieu le voit. Il agit donc en la présence d'un Etre plus respectable pour lui mille fois que l'assemblée du monde la plus auguſte. Quelle honte n'auroit-il pas de commettre une action odieuſe en cette compagnie? quelle ſatisfaction, au contraire, d'avoir pratiqué la Vertu en préſence de ſon Dieu; quand même déchiré par des langues calomnieuſes, il ſeroit devenu l'opprobre & le rebut de la ſociété. Le Théiſme favoriſe donc la Vertu; & l'Athéiſme privé d'un ſi grand ſecours eſt en cela défectueux.

Conſidérons à-preſent ce que la crainte des peines à venir & l'eſpoir des biens futurs occaſionneroient dans la même croyance, relativement à la Vertu. D'abord il eſt aiſé d'inférer de ce que nous avons dit ci-devant, que cet eſpoir & cet effroi ne ſont pas du genre des affections libérales & généreuſes, ni de la nature de ces mouvemens qui complétent le mérite moral des actions. Si ces motifs ont une influence prédominante dans la conduite d'une Créature que l'amour désintéressé devroit principalement diriger ; la conduite est servile & la Créature n'est pas encore vertueuse.

Ajoutez à ceci une réflexion particuliére ; c'est que dans toute hypothèse de Religion où l'espoir & la crainte sont admis comme motifs principaux & premiers de nos actions ; l'intérêt particulier qui naturellement n'est en nous que trop vif, n'a rien qui le tempére & qui le restreigne ; & doit par conséquent se fortifier chaque jour par l'exercice des passions, dans des matiéres de cette importance. Il y a donc à craindre que cette affection servile ne triomphe à la longue & n'exerce son empire dans toutes les conjonctures de la vie ; qu'une attention habituelle à un intérêt particulier ne diminue d'autant plus l'amour du bien général, que cet intérêt particulier ſera grand ; enfin que le cœur & l'eſprit ne viennent à ſe rétrécir ; défaut, à ce qu'on dit en morale, remarquable dans les *zèlés* de toute Religion*

Quoi qu'il en ſoit, il faut convenir que ſi la vraie piété conſiſte à aimer Dieu par rapport à lui-même ; une attention inquiete à des intérêts privés, doit en quelque ſorte la dégrader. Aimer Dieu ſeulement comme la cauſe de ſon bonheur particulier ; c'eſt avoir pour lui l'affection du méchant pour le vil inſtrument de ſes plaiſirs. D'ailleurs plus le dévouement à l'intérêt privé occupe de place ; moins il en laiſſe à l'amour du bien général ou de tout autre objet digne par lui-même de notre admiration & de notre eſtime ; tel en un mot que le Dieu des perſonnes éclairées.

* Voilà ce qui conſtitue proprement la Bigotterie : car la vraie Piété, qualité preſque eſſentielle à l'héroïſme, étend le cœur & l'eſprit.

C'eſt ainſi qu'un amour exceſſif de la vie peut nuire à la Vertu, affoiblir l'amour du bien public & ruiner la vraie piété ; car plus cette affection ſera grande ; moins la Créature ſera capable de ſe réſigner ſincérement aux ordres de la Divinité : & ſi par hazard l'eſpoir des récompenſes à venir étoient, à l'excluſion de tout amour, le ſeul motif de ſa réſignation ; ſi cette penſée excluoit abſolument en elle tout ſentiment libéral & déſintéreſſé ; ce ſeroit un vrai marché qui n'indiqueroit ni Vertu ni Mérite, & dont voici, à proprement parler, la cédule : « Je réſigne » à Dieu ma vie & mes plaiſirs pré» ſens, à condition d'en recevoir en » échange une vie & des plaiſirs futurs qui valent infiniment mieux.

Quoique la violence des affections privées puiſſe préjudicier à la Vertu ;

j'avouerai toutefois qu'il y a des conjonctures dans lesquelles la crainte des châtimens & l'espoir des récompenses lui servent d'appui, toutes mercénaires qu'elles soient.

Les passions violentes, telles que la colere, la haine, la luxure & d'autres peuvent, comme nous l'avons déja remarqué, ébranler l'amour le plus vif du bien public, & déraciner les idées les plus profondes de Vertu. Mais si l'esprit n'avoit aucune digue à leur opposer, elles produiroient infailliblement ce ravage & le meilleur caractère se dépraveroit à la longue. La Religion y pourvoit : elle crie incessamment que ces affections & toutes les actions qu'elles produisent, sont maudites & détestables aux yeux de Dieu : sa voix consterne le Vice, & rassure la Vertu : le calme renaît dans l'esprit : il apperçoit le danger qu'il a couru, & s'attache plus fortement que jamais aux principes qu'il étoit ſur le point d'abandonner.

La crainte des peines & l'eſpoir des récompenſes ſont encore propres à raffermir celui que le partage des affections fait chanceler dans la Vertu. Je dis plus. Quand une fois l'eſprit eſt imbu d'idées fauſſes, & lorſque la Créature entêtée d'opinions abſurdes ſe roidit contre le vrai, méconnoît le bon, porte ſon eſtime & donne la préférence au vice; ſans la crainte des peines & l'eſpoir des récompenſes, il n'y a plus de retour.

Imaginez un homme qui ait quelque bonté naturelle & de la droiture dans le caractère; mais né avec un tempérament lâche & mol qui le rende incapable de faire face à l'adverſité, & de braver la miſére. Vient-il par malheur à ſubir ces épreuves? le chagrin s'empare de son esprit ; tout l'afflige ; il s'irrite ; il s'emporte contre ce qu'il imagine être la cause de son infortune. Dans cet état s'il s'offre à sa pensée ; ou si des amis corrompus lui suggerent que sa probité est la source de ses peines, & que pour se reconcilier avec la fortune, il n'a qu'à rompre avec la Vertu : il est certain que l'estime qu'il porte à cette qualité, s'affoiblira à mesure que le trouble & les aigreurs augmenteront dans son esprit ; & qu'elle s'éclipsera bien-tôt, si la considération des biens futurs dont la Vertu lui promet la jouissance, en dédommagement de ceux qu'il regrette, ne le soutient contre les pensées funestes qui lui viennent ou les mauvais avis qu'il reçoit, ne suspend la dépravation imminente de son caractère, & ne le fixe dans ses premiers principes.

Si par de faux jugemens on a pris quelques Vices en affection, & les Vertus contraires en dédain. Si, par exemple, on regarde le pardon des injures comme une bassesse, & la vengeance comme un acte héroïque ; on préviendroit peut-être les suites de cette erreur, en considérant que la douceur porte avec elle sa récompense, dans la tranquillité & les autres avantages qu'elle procure, & que la rancune détruit. C'est par cet utile artifice que la modestie, la candeur, la sobriété & d'autres Vertus, quelquefois meprisées, pourroient rentrer dans l'estime, & les passions opposées dans le mépris, qui leur sont dûs ; & qu'on parviendroit avec le tems à pratiquer les unes & à détester les autres, sans le moindre égard pour les plaisirs ou pour les peines qui les accompagnent.

C'est par ces raisons que rien n'est

plus avantageux dans un état qu'une administration vertueuse & qu'une équitable distribution des punitions & des récompenses. C'est un mur d'airain contre lequel se brisent presque toujours les complots des méchans : c'est une digue qui tourne leurs efforts au bien de la société ; c'est plus que tout cela : c'est un moyen sûr d'attacher les hommes à la Vertu, en attachant à la Vertu leur intérêt particulier ; d'écarter tous les préjugés qui les en éloignent ; de lui préparer dans leurs cœurs un accueil favorable, & de les mettre par une pratique constante du bien, dans un sentier dont on ne les détourneroit pas sans peine. S'il arrivoit qu'un peuple arraché au despotisme & à la barbarie, policé par des loix, & devenu vertueux dans le cours d'une administration équitable, retombât brusquement sous un gouvernement arbitraire, tel que celui des Peuples Orientaux; ſa Vertu s'irritant dans les fers, il n'en ſera que plus prompt à les ſecouer & que plus propre à les rompre. Si toutefois la tyrannie & ſes artifices viennent à prévaloir, & ſi ce peuple perd toute liberté: avant qu'une injuſte diſtribution des récompenſes & des châtimens lui ait ôté le ſentiment de cette injure; avant que l'habitude l'ait fait à ſa chaîne, les ſemences diſperſées de ſa Vertu premiere poufferont des racines qu'on diſtinguera juſques dans les générations ſuivantes.

Mais quoique la diſtribution équitable des récompenſes & des punitions ſoit dans un gouvernement, une cauſe eſſentielle de la Vertu d'un Peuple; nous remarquerons que l'exemple plus efficace encore décide ſes inclinations * & forme

* Tous les Moraliſtes ne ſont pas de cet avis;

son caractère. Si le Magistrat n'est pas vertueux, la meilleure administration produira peu de chose : au contraire les Sujets aimeront & respecteront les Loix, s'ils sont une fois persuadés de la Vertu de celui qui les juge.

Mais pour en revenir aux récompenses & aux châtimens : c'est moins l'attrait ou l'effroi qui fait leur avantage dans la société ; que l'estime de la Vertu & la haine du Vice que ces expressions

“ telle est, dit un d'entr'eux dans son projet pour „ l'avancement de la Religion, la perversité des „ hommes que le seul exemple d'un Prince vi- „ cieux entraînera bientôt la masse générale de „ ses Sujets, & que la conduite exemplaire d'un „ Monarque vertueux n'est pas capable de les ré- „ former, si elle n'est soutenue d'autres expé- „ diens. Il faut donc que le Souverain, en exer- „ çant avec vigueur l'autorité que les Loix & „ son Sceptre lui donnent, fasse ensorte qu'il „ soit de l'intérêt de chacun de s'attacher à la „ Vertu, en privant les vicieux de toute espé- „ rance d'avancement “ ; il est clair que ce sçavant Auteur donne la préférence aux avantages d'une bonne administration sur ceux d'un bon exemple.

publiques de l'approbation ou de la cenſure du genre humain réveillent dans l'honnête-Homme & dans le Scélérat. En effet dans les Exécutions, on voit aſſez communément que la honte du crime & l'infâmie du ſupplice font preſque toute la peine des Criminels. Ce n'eſt pas tant la mort qui cauſe l'horreur du Patient & des Spectateurs, que la potence ou la rouë qui le déclare infracteur des Loix de la Juſtice & de l'humanité.

Dans les familles, l'effet des récompenſes & des châtimens eſt le même que dans la ſociété. Un Maître ſevère, le fouet à la main, rendra ſans doute ſon Eſclave ou ſon Mercénaire attentif à ſes devoirs ; mais il n'en ſera pas meilleur. Cependant le même homme, revêtu d'un caractère plus doux, avec de foibles récompenſes & des corrections légeres, formera des enfans vertueux. A l'aide, tantôt de ses menaces, tantôt de ses caresses, il leur inculquera des principes qu'ils suivront bientôt sans égard pour la récompense qui les encourageoit, ou pour la verge qui les effrayoit. Et c'est là ce que nous appellons une éducation honnête & libérale. Tout autre culte rendu à Dieu, tout autre service rendu à l'homme, est vil, & ne mérite aucun éloge.

Dans la Religion, si les récompenses qu'elle promet sont libérales; si le bonheur futur consiste dans la jouissance d'un plaisir vertueux, tel, par exemple, que la pratique ou la contemplation de la Vertu même, dans une autre vie: (c'est le cas du Christianisme *); il est évident que le désir de cet état ne peut

* On peut conclure de cette réflexion que le Christianisme a peut-être été le seul culte

naître que d'un grand amour de la Vertu, & conſerve par conſéquent toute la dignité de ſon origine. Car ce déſir n'eſt point un ſentiment intéreſſé : l'amour de la Vertu n'eſt jamais un penchant vil & ſordide ; le déſir de la vie par amour de la Vertu ne peut donc paſſer pour tel. Mais ſi ce déſir d'une autre vie naiſſoit de l'horreur ou de la mort ou de l'anéantiſſement ; s'il étoit occaſionné par quelqu'affection vicieuſe, ou par un attachement à des choſes étrangeres à la Vertu ; il ne ſeroit plus vertueux.

établi dans le monde, qui ait propoſé aux hommes des récompenſes à venir dignes d'eux. Le Juif content du bonheur temporel ne connoiſſoit guéres d'autres eſpérances. L'Egyptien ſe promettoit à force de bien vivre, de devenir un jour Eléphant blanc. Le Payen comptoit ſe promener dans les Champs Elizées, boire le Nectar & ſe repaître d'Ambroiſie. Le Mahométan privé de Vin par ſa Loi & voluptueux par tempérament, eſpere s'enyvrer éternellement entre des Houris griſes, rouges, vertes & blanches. Mais le Chrétien jouira de ſon Dieu.

Si

Si donc une Créature raisonnable, sans égard pour la Vertu, aime la vie par rapport à la vie même ; peut-être fera-t'elle pour la conserver, ou par horreur de la mort, quelque action de virilité : peut-être en s'efforçant de mépriser les objets de sa crainte, tendra-t'elle à la perfection ; mais cet effort n'est pas encore une Vertu. Cette Créature est tout au plus dans les avenues, sur la route : après s'être embarquée par pur intérêt, la bassesse avouée du motif ne la met point au port : en un mot elle ne sera vertueuse que quand ses efforts feront germer en elle quelqu'affection pour la bonté morale considérée comme telle, & sans égard à ses intérêts.

Tels sont les avantages & les désavantages qui reviennent à la Vertu, de ses liaisons avec les intérêts privés de la Créature. Car quoique la multiplicité des vûes intéressées soit peu propre à donner du relief aux actions ; l'homme n'en sera que plus ferme dans la Vertu, s'il est une fois convaincu qu'elle ne croise jamais ses vrais intérêts.

Celui donc qui par un mûr examen & de solides réflexions, s'est assuré qu'on n'est heureux dans ce Monde qu'autant qu'on est vertueux & que le vice ne peut-être que misérable, a mis sa vertu dans un abri louable & nécessaire. Sans chercher dans l'intégrité morale des commodités relatives à son état present, à sa constitution, ou à d'autres circonstances pareilles ; s'il est persuadé qu'une puissance supérieure & toujours attentive au train du monde prête un secours immédiat à l'honnête-homme contre les attentats du méchant ; il ne perdra jamais rien de l'estime qu'il doit à la Vertu ; estime qui s'affoibliroit peut-être en lui, ſans cette croyance. Mais ſi, peu convaincu d'une aſſiſtance actuelle de la Providence, il eſt dans une attente ferme & conſtante des récompenſes à venir; ſa vertu trouvera le même appui dans cette hypothèſe.

Remarquez cependant que dans un ſyſtême où l'on feroit ſonner ſi haut ces récompenſes infinies, les cœurs en pourroient tellement être affectés qu'ils négligeroient & peut-être oublieroient à la longue les motifs déſintéreſſés de pratiquer la Vertu. D'ailleurs cette merveilleuſe attente des biens ineffables d'une autre vie, doit conſéquemment déprimer la valeur & rallentir la pourſuite des choſes paſſagéres de celle-ci. Une Créature poſſédée d'un intérêt ſi particulier & ſi grand, pourroit compter le reſte pour rien, & toute occupée de ſon ſalut éternel traiter quelquefois comme des distractions méprisables, & des affections viles, terrestres & momentanées, les douceurs de l'amitié, les loix du sang & les devoirs de l'humanité. Une imagination frappée de la sorte décriera peut-être les avantages temporels de la bonté & les récompenses naturelles de la Vertu ; élévera jusqu'aux nuës la félicité des méchans & déclarera dans les accès d'un zéle inconsidéré que « sans l'attente des biens futurs » & sans la crainte des peines éternel» les, elle renonceroit à la probité pour » se livrer entiérement à la débauche, » au crime & à la dépravation. » Ce qui démontre que rien en quelque façon ne seroit plus fatal à la Vertu qu'une croyance incertaine & vague des récompenses & des châtimens à venir. Car si ce fondement sur lequel on auroit appuyé tout l'édifice*

* J'ai connu un Architecte qui étaya si

moral, vient une fois à manquer ; je vois la Vertu chanceler, rester sans appui & prête à s'écrouler.

Quant à l'Athéisme, le décri des avantages de la Vertu n'est pas une conséquence directe de cette hypothèse *. Pour être convaincu qu'il y a du profit

fortement un Bâtiment qui menaçoit ruine d'un côté, qu'il en fut renversé de l'autre. Le même accident est presque arrivé en morale. On ne s'est pas contenté de relever les avantages de la Vertu & de l'honnêteté ; on s'est méfié de ces appuis & on y en a ajouté d'autres d'une façon à culbuter l'édifice. On a tant exalté les récompenses qui l'attendoient, que les hommes ont été exposés à n'avoir pas d'autres raisons d'être vertueux. Toutefois, si ce sentiment vient à exclure les motifs plus relevés, tout mérite semble s'anéantir dans la Créature qu'il dirige.

* L'Athéisme laisse la probité sans appui. Il fait pis, il pousse indirectement à la dépravation. Cependant Hobbs étoit bon citoyen, bon parent, bon ami & ne croyoit point en Dieu. Les hommes ne sont pas conséquens : on offense un Dieu dont on admet l'existence : on nie l'existence d'un Dieu dont on a bien mérité ; & s'il y avoit à s'étonner, ce ne seroit pas d'un Athée qui vit bien, mais d'un Chrétien qui vit mal.

à être vertueux, il n'eſt pas néceſſaire de croire en Dieu. Mais le préjugé contraire une fois contracté; le mal eſt ſans reméde, & il faut convenir qu'indirectement l'Athéiſme y conduit.

Il eſt preſqu'impoſſible de faire grand cas des avantages preſens de la Vertu, ſans concevoir une haute idée de la ſatisfaction qui naît de l'eſtime & de la bienveillance du genre-humain. Mais pour connoître tout le prix de cette ſatisfaction, il faut l'avoir éprouvée. C'eſt donc ſur la poſſeſſion raviſſante de l'affection généreuſe des hommes, & ſur la connoiſſance de l'énergie de ce plaiſir, que ſont fondés ceux qui placent le bonheur actuel dans la pratique des Vertus. Mais ſuppoſer qu'il n'y a ni bonté ni charmes dans la nature; que cet Etre ſuprême qui nous preſcrit la bienveillance pour nos ſemblables, par les témoignages journaliers que nous recevons de la ſienne, eſt un Etre chimérique ; ce n'eſt pas le moyen d'aiguiſer les affections ſociales & d'acquérir l'amour déſintéreſſé de la Vertu. Au contraire, un tel ſyſtême tend à confondre les idées de laideur & de beauté, & à ſupprimer ce tribut habituel d'admiration que nous rendons au deſſein, aux proportions, & à l'harmonie qui régnent dans l'ordre des choſes. Car que peut offrir l'Univers de grand & d'admirable à celui qui regarde l'Univers même, comme un modèle de déſordre ? Celui pour qui le Tout dénué de perfections, n'eſt qu'une vaſte difformité, remarquera-t'il quelque beauté dans les parties ſubordonnées ?

Cependant quoi de plus affligeant que de penſer que l'on exiſte dans un éternel cahos ? qu'on fait partie d'une machine détraquée dont on a mille désastres à craindre, & où l'on n'apperçoit rien de bon, rien de satisfaisant, rien qui n'excite le mépris, la haine & le dégoût. Ces idées sombres & mélancoliques doivent influer sur le caractère, affecter les inclinations sociales, mettre de l'aigreur dans le tempérament, affoiblir l'amour de la justice & sapper à la longue les principes de la Vertu.

Il n'en est pas de même de celui qui adore un Dieu ; mais un Dieu qui ne soit pas vainement honoré du titre de bon, qui le soit en effet ; un Dieu dont l'histoire offre à chaque page des marques de douceur & de bonté. Un tel homme admet conséquemment des récompenses & des châtimens à venir : il est persuadé de plus que les récompenſes ſont deſtinées au Mérite & à la Vertu, & les châtimens au vice & à la méchanceté, ſans que des qualités étrangeres à celles-là, ou des circonſtances imprévues puiſſent tromper ſon attente; autrement perdant de vûe les notions de châtiment & de récompenſe, il n'admettroit qu'une diſtribution capricieuſe de biens & de maux, & tout ſon ſyſtême ſur l'autre monde, ne ſeroit dans celui-ci d'aucun avantage pour ſa Vertu. A l'aide de ces hypothèſes, il pourroit conſerver ſon intégrité dans les plus critiques circonſtances de la vie; eût-il été jetté par des événemens ſinguliers, ou des raiſonnemens ſophiſtiques dans l'opinion malheureuſe qu'il faut renoncer à ſon bonheur, pour travailler à ſon ſalut.

Toutefois ce préjugé contraire à la Vertu me paroît incompatible avec un

Théïſme épuré * quoi qu'il en ſoit de l'autre vie, ou des récompenſes & des

* Si dès ce Monde la Vertu porte avec elle ſa récompenſe & le Vice, ſon châtiment ; quel motif d'eſpérance pour le Théïſte ? N'aura-t'il pas raiſon de croire que l'Etre ſuprême qui exerce dans cette vie, une juſtice diſtributive entre les bons & les méchans, n'abandonnera pas cette voye conſolante dans l'autre ? Ne pourra-t'il pas regarder les biens paſſagers dont il jouit comme des arrhes du bonheur éternel qui l'attend ? Car ſi la Vertu a des avantages actuels, toutefois il en coute pour être vertueux : ſi l'état de l'honnête-homme ici bas n'eſt pas déplorable, il s'en faut bien que ſa félicité ſoit complette : il lui reſte toujours des deſirs ; & ces deſirs, preuves inconteſtables de l'inſuffiſance de ſa récompenſe actuelle, ne conſpirent-t'ils pas avec la révélation qu'il eſt prêt d'admettre, pour l'aſſurer d'une vie à venir. Mais ſi l'on ſuppoſoit au contraire que l'honnête-homme ne peut être que malheureux en ce Monde & que la félicité temporelle eſt incompatible avec la Vertu ; l'œconomie ſinguliére qui régneroit dans l'Univers, ne le porteroit-elle pas à ſe méfier de l'ordre qui régnera dans l'autre vie ? Décrier la Vertu, n'eſt-ce donc pas prêter main-forte à l'Athéïſme ? Amplifier les déſordres apparens dans la Nature, n'eſt-ce pas ébranler l'exiſtence d'un Dieu, ſans fortifier la croyance d'une vie à venir ? Un fait vrai, c'eſt que ceux qui ont la meilleure opinion des avantages de la

châtimens à venir ; celui qui, comme un bon Théiste, admet un Etre souverain dans la nature ; une intelligence qui gouverne tout avec sagesse & bonté, peut-il imaginer qu'elle ait attaché son malheur en ce monde à des pratiques qui lui sont ordonnées ? supposer que la Vertu soit un des maux naturels de la Créature & que le Vice fasse constamment son bien-être ; n'est-ce pas accuser l'ordonnance de l'Univers & la constitution générale des choses, d'un défaut essentiel & d'une grossiére imperfection ?

Il me reste à considérer un nouvel avantage que le Théisme fournit à la Créature pour être vertueuse, à l'ex-

Vertu dans ce Monde, ne sont pas les moins fermes dans l'attente de l'autre. Une proposition vrai-semblable, c'est qu'il est aussi naturel aux Défenseurs de la Vertu d'assurer l'immortalité de l'Ame qu'ils ont raison de souhaiter, qu'aux Partisans du Vice de combattre ce sentiment dont ils ont lieu de craindre la vérité.

clusion de l'Athéisme. Le premier coup d'œil ne sera peut-être pas favorable à la réflexion qui suit : je crains qu'on ne la prenne pour une vaine subtilité, & qu'on ne la rejette comme un rafinement de Philosophie. Si toutefois elle peut avoir quelque poids, c'est à la suite de ce que nous venons de dire.

Toute Créature, comme nous l'avons prouvé, a naturellement quelques degrés de malice qui lui viennent d'une aversion ou d'un penchant qui ne sera pas au ton de son intérêt privé ou du bien général de son espece. Qu'un Etre pensant ait la mesure d'aversion nécessaire pour l'allarmer à l'approche d'une calamité, ou pour l'armer dans un péril imminent ; jusques-là il n'y a rien à dire, tout est dans l'ordre. Mais si l'aversion continue, après que le malheur est arrivé ; si la passion augmente, lorsque le mal eſt fait ; ſi la Créature furieuſe du coup qu'elle a reçu, ſe récrie contre le ſort, s'emporte & déteſte ſa condition ; il faut avouer que cet emportement eſt vicieux dans ſa nature & dans ſes ſuites ; car il déprave le tempérament en le tournant à la colere, & trouble dans l'accès cette œconomie tranquille des affections, ſi convenable à la Vertu : mais avouer que cet emportement eſt vicieux, c'eſt reconnoître que dans les mêmes conjonctures, une patience muette & qu'une modeſte fermeté feroient des Vertus. Or, dans l'hypothèſe de ceux qui nient l'exiſtence d'un Etre ſuprême, il eſt certain que la néceſſité prétendue des cauſes ne doit amener aucun Phénomene qui mérite leur haine ou leur amour, leur horreur ou leur admiration. Mais comme les plus belles réflexions du monde ſur le caprice du hazard ou sur le mouvement fortuit des Atomes n'ont rien de consolant ; il est difficile que dans des circonstances fâcheuses, que dans des tems durs & malheureux, l'Athée n'entre en mauvaise humeur & ne se déchaîne contre un arrangement si détestable & si malfaisant. Mais le Théiste est persuadé que « quelqu'effet que l'ordre qui » régne dans l'Univers, ait produit ; il » ne peut être que bon ». Cela suffit. Le voilà prêt à regarder sans horreur les plus affreuses calamités & à supporter sans murmure ces événemens qui ne semblent être faits que pour rendre à toute Créature sensible & raisonnable, sa condition incommode & son existence odieuse. Ce n'est pas tout. Son systême peut le conduire à une réconciliation plus entiere : il chérira son état actuel ; car qui l'empêche, en étendant ses idées, de ſortir de ſon eſpece & de regarder le fléau qui l'afflige, comme le bonheur d'une Patrie moins étroite dont il eſt membre, & dont il doit aimer les avantages en Citoyen généreux & fidelle.

Ce tour d'affection doit produire la plus héroïque conſtance qu'un homme puiſſe montrer dans un état de ſouffrance, & le réſoudre de la façon la plus généreuſe aux entrepriſes que l'honneur & la Vertu peuvent exiger. A travers ce Téleſcope on apperçoit les accidents particuliers, les injuſtices & les méchancetés dans un jour qui diſpoſe à les tolérer & à conſerver dans le cours de la vie toute l'égalité poſſible. Ce tour d'affection & ce Téleſcope moral ſont donc vraiment excellens, & la Créature qui les poſſede eſt bonne & vertueuſe par excellence. Car tout ce qui tend à attacher la Créature à ſon rôle dans la ſociété & à l'animer d'un zèle plus qu'ordinaire pour le bien général de ſon eſpece, eſt ſans contredit en elle le germe d'une Vertu peu commune.

Un fait conſtant, c'eſt que par une eſpece de ſympathie le ſentiment & l'amour de l'harmonie, des proportions & de l'ordre, en quelque genre que ce puiſſe être, redreſſe le tempérament, fortifie les affections ſociales, & ſoutient la Vertu qui n'eſt elle-même qu'un amour de l'ordre, des proportions & de l'harmonie dans les mœurs & dans la conduite. Dans les ſujets les plus frivoles, l'ordre frappe & ſe fait approuver : mais ſi c'eſt une fois l'ordre & la beauté de l'Univers qui ſoient les objets de notre admiration & de notre amour ; nos affections partageront la grandeur

grandeur & la magnificence du ſujet, & l'*élégante* ſenſibilité pour le beau, diſpoſition ſi favorable à la Vertu, nous conduira juſqu'à l'extaſe. * En effet; tandis qu'un peu d'harmonie & quelques proportions remarquées dans les productions des ſciences ou des arts, tranſportent d'admiration les maîtres & les connoiſſeurs, ſeroit-il poſſible de

* *Eſt enim animorum ingeniorumque naturale quoddam quaſi pabulum conſideratio, contemplatioque naturæ. Erigimur, elatiores fieri videmur, humana deſpicimus; cogitanteſque ſupera atque cœleſtia, hæc noſtra ut exigua & minima, contemnimus. Indagatio ipſa rerum tum maximarum tum occultiſſimarum habet delectationem. Si verò aliquid occurrat, quod veriſimile videatur, humaniſſimâ completur animus voluptate.* A meſure que l'Univers s'étend aux yeux d'un Philoſophe, tout ce qui l'environne ſe rappetiſſe. La Terre s'évanouit ſous ſes pieds. Lui-même que devient-il? Cependant il reſſent un doux frémiſſement dans cette contemplation qui l'anéantit; après s'être vû noyé, pour ainſi dire, & perdu dans l'immenſité des Etres, il éprouve une ſatisfaction ſecrette à ſe retrouver ſous les yeux de la Divinité,

contempler un Chef-d'œuvre divin, ſans éprouver le raviſſement. Donc

Le Théïſme fût-il traité comme une fauſſe hypothèſe, l'ordre de l'Univers fût-il un chimere ; la belle paſſion pour la Nature n'en ſeroit pas moins favorable à la Vertu. Mais s'il eſt raiſonnable de croire en Dieu ; ſi la beauté de l'Univers eſt réelle ; l'admiration devient juſte, naturelle & néceſſaire dans toute Créature reconnoiſſante & ſenſible.

Preſentement, il eſt facile de déterminer l'analogie de la Vertu à la Piété. Celle-ci eſt proprement le complément de l'autre : où la piété manque ; la fermeté, la douceur, l'égalité d'eſprit, l'œconomie des affections & la Vertu ſont imparfaites.

On ne peut donc atteindre à la perfection morale, arriver au ſuprême dégré de la Vertu, ſans la connoiſſance du vrai Dieu.

ESSAI
SUR LE MÉRITE
ET LA VERTU.

L. Durand. In. del. A. Fessard Sculp.

ESSAI SUR LE MERITE ET LA VERTU

LIVRE SECOND.

PARTIE PREMIERE.

SECTION PREMIERE.

NOUS avons déterminé ce que c'eſt que la Vertu morale & quelle eſt la Créature qu'on peut appeller moralement vertueuſe. Il nous reſte à chercher quels motifs & quel intérêt nous avons à mériter ce titre.

Nous avons découvert que celui-là ſeul mérite le nom de Vertueux dont toutes les affections, tous les penchans, en un mot toutes les diſpoſitions d'eſprit & de cœur, ſont conformes au bien général de ſon eſpece, c'eſt-à dire, du ſyſtême de Créatures dans lequel la Nature l'a placé & dont il fait partie.

Que cette œconomie des affections, ce juſte tempérament entre les paſſions, cette conformité des penchans au bien général & particulier, conſtituoient la droiture, l'intégrité, la juſtice & la bonté naturelle.

Et que la corruption, le vice & la dépravation, naiſſoient du déſordre des affections, & conſiſtoient dans un état préciſément contraire au précédent.

Nous avons démontré que les affections d'une Créature quelconque avoient un rapport constant & déterminé avec l'intérêt général de son espece. C'est une vérité que nous avons fait toucher au doigt, quant aux inclinations sociales telles que la tendresse paternelle, le penchant à la propagation, l'éducation des enfans, l'amour de la compagnie, la reconnoissance, la compassion, la conspiration mutuelle dans les dangers, & leurs semblables. De sorte qu'il faut convenir qu'il est aussi naturel à la Créature de travailler au bien général de son espece, qu'à une plante de porter son fruit, & à un organe ou à quelqu'autre partie de notre corps de prendre l'étendue & la conformation qui conviennent à la Machine entiére ; * &

* On pourroit ajouter à cela que, nous sommes, chacun, dans la Société, ce qu'est une partie relativement à un Tout organisé. La mesure du tems est la propriété essentielle

qu'il n'eſt pas plus naturel à l'eſtomac de digérer, aux poumons de reſpirer, aux glandes de filtrer & aux autres viſcéres de remplir leurs fonctions; quoique toutes ces parties puiſſent être troublées dans leurs opérations, par des obſtructions & d'autres accidens.

Mais en diſtribuant les affections de la Créature, en inclinations favorables au bien général de ſon eſpece, & en penchans dirigés à ſes intérêts particuliers, on en conclura que ſouvent elle ſe trouvera dans le cas de croiſer & de contredire les unes pour favoriſer &

d'une Montre : le bonheur des particuliers eſt la fin principale de la Société. Ces effets, ou ne ſe produiront point, ou ne ſe produiront qu'imparfaitement, ſans une conſpiration mutuelle des parties dans la Montre & des membres dans la Société. Si quelque roue ſe dérange la meſure du tems ſera ſuſpendue, ou troublée. Si quelque particulier occupe une place qui n'étoit point faite pour lui ; le bien général en ſouffrira ou même s'anéantira ; & la Société ne ſera plus que l'image d'une Montre détraquée.

ſuivre les autres, & l'on conclura juſte; car comment ſans cela, l'eſpece pourroit-elle ſe perpétuer? Que ſignifieroit cette affection naturelle qui la précipite à travers les dangers pour la défenſe & la conſervation de ces Etres qui lui doivent déja la naiſſance & dont l'éducation lui coûtera tant de ſoins.

On ſeroit donc tenté de croire qu'il y a une oppoſition abſolue entre ces deux eſpeces d'affections, & l'on préſumeroit que s'attacher au bien général de ſon eſpece en écoutant les unes, c'eſt fermer l'oreille aux autres, & renoncer à ſon intérêt particulier. Car en ſuppoſant que les ſoins, les dangers & les travaux, de quelque nature qu'ils ſoient, ſont des maux dans le ſyſtême individuel; puiſqu'il eſt de l'eſſence des affections ſociales d'y porter la Créature, on en inférera ſur le champ qu'il eſt de ſon intérêt de ſe défaire de ces penchans.

Nous convenons que toute affection ſociale, telle que la commiſération, l'amitié, la reconnoiſſance & les autres inclinations libérales & généreuſes, ne ſubſiſte & ne s'étend qu'aux dépens des paſſions intéreſſées, que les premieres nous diviſent d'avec nous-mêmes & nous ferment les yeux ſur nos aiſes & ſur notre ſalut particulier. Il ſemble donc que pour être parfaitement à ſoi & tendre à ſon intérêt avec toute la vigueur poſſible, on n'auroit rien de mieux à faire pour ſon propre bonheur, que de déraciner ſans ménagement toute cette ſuite d'affections ſociales, & de traiter la bonté, la douceur, la commiſération, l'affabilité, & leurs ſemblables, comme des extravagances d'imagination ou des foibleſſes de la nature.

En conſéquence de ces idées ſingulières, il faudroit avouer que dans chaque ſyſtême de Créatures, l'intérêt de l'individu eſt contradictoire à l'intérêt général & que le bien de la Nature dans le particulier eſt incompatible avec celui de la commune nature. Etrange conſtitution ! dans laquelle, il y auroit certainement un déſordre & des bizarreries que nous n'apperçevons point dans le reſte de l'Univers. J'aimerois autant dire de quelque corps organiſé, animal ou végétatif, que, pour aſſurer que chaque partie jouit d'une bonne ſanté, il faut abſolument ſuppoſer que le tout eſt malade.

Mais pour expoſer toute l'abſurdité de cette hypothèſe, nous allons démontrer que, tandis que les hommes s'imaginant que leur avantage préſent eſt dans le Vice & leur mal réel dans la

Vertu, s'étonnent d'un désordre qu'ils supposent gratuitement dans la conduite de l'Univers, la Nature fait précisément le contraire de ce qu'ils imaginent: que l'intérêt particulier de la Créature est inséparable de l'intérêt général de son espece; enfin que son vrai bonheur consiste dans la Vertu & que le Vice ne peut manquer de faire son malheur.

SECTION SECONDE.

Peu de gens oseroient supposer qu'une Créature en qui ils n'apperçoivent aucune affection naturelle, qui leur paroît destituée de tout sentiment social & de toute inclination communicative, joüit en elle-même de quelque satisfaction & retire de grands avantages de sa ressemblance avec d'autres Etres: l'opinion générale, c'est qu'une pareille Créature en rompant avec le genre-humain, en renonçant à la ſociété, n'en a que moins de contentement dans la vie & n'en peut trouver que moins de douceur dans les plaiſirs des ſens. Le chagrin, l'impatience, & la mauvaiſe humeur, ne ſeront plus en elle des momens fâcheux; c'eſt un état habituel auquel tout caractère inſociable ne manque pas de ſe fixer. C'eſt alors qu'une foule d'idées triſtes s'emparent de l'eſprit & que le cœur eſt en proye à mille inclinations perverſes qui l'agitent & le déchirent ſans relâche: c'eſt alors que, des noirceurs de la mélancolie & des aigreurs de l'inquiétude, naiſſent ces antipathies cruelles par qui la Créature mécontente d'elle-même ſe révolte contre tout le monde. Le ſentiment intérieur qui lui crie qu'un Etre ſi dépravé, incommode à quiconque l'approche, ne peut qu'être odieux à ſes ſemblables, la remplit de ſoupçons & de jalouſies ; la tient dans les craintes & les horreurs, & la jette dans des perplexités que la fortune la mieux établie & la plus conſtante proſpérité ſont incapables de calmer.

Tels ſont les ſimptômes de la perverſité complette, & l'on eſt d'accord ſur leur évidence. Lorſque la dépravation eſt totale ; lorſque l'amitié, la candeur, l'équité, la confiance, la ſociabilité, ſont anéanties ; lors enfin que l'Apoſtaſie morale eſt conſommée, tout le monde s'apperçoit & convient de la miſére qui la ſuit. Quand le mal eſt à ſon dernier degré ; il n'y a qu'un avis. Pourquoi faut-il qu'on perde de vûe les funeſtes influances de la dépravation dans ſes degrés inférieurs ? on s'imagine que la miſére n'eſt pas toujours proportionnée à l'iniquité ; comme ſi la méchaneté complette pouvoit entraîner la plus grande misére possible ; sans que ses moindres degrés partageassent ce châtiment. Parler ainsi, c'est dire qu'à la vérité, le plus grand dommage qu'un corps puisse souffrir, c'est d'être disloqué, démembré, & mis en mille piéces ; mais que la perte d'un bras ou d'une jambe, d'un œil, d'une oreille ou d'un doigt, c'est une bagatelle qui ne mérite pas qu'on y fasse attention.

L'esprit a, pour ainsi dire, ses parties, & ses parties ont leurs proportions. Les dépendances réciproques & le rapport mutuel de ces parties, l'ordre & la connexion des penchans, le mélange & la balance des affections qui forment le caractère, sont des objets faciles à saisir par celui qui ne juge pas cette Anatomie intérieure, indigne de quelque attention. L'œconomie animale n'est ni plus exacte, ni plus réelle. Peu de gens toutefois se sont occupés à anatomiser l'ame, & c'est un art que personne ne rougit d'ignorer parfaitement*. Tout le monde convient que le tempérament

* On se pique de connoître les qualités d'un bon Cheval, d'un bon Chien & d'un bon Oiseau. On est parfaitement instruit des affections, du tempérament, des humeurs & de la forme convenable à chacune de ces especes. Si par hazard un Chien décéle quelque défaut contraire à sa nature ; " cet animal, dit-on „ incontinent, est vicieux „ ; & fortement persuadé que ce vice le rend moins propre aux services qu'on en doit attendre, on met tout en œuvre pour le corriger. Il y a peu de jeunes gens qui n'entendent plus ou moins cette discipline. Suivons cet écervelé qui, pour quelqu'ordre futile & peut-être deshonnête, différé ou mal-adroitement exécuté, feroit périr un Domestique sous le bâton, suivons-le, dans ses écuries & demandons-lui pourquoi ce Cheval est séparé de la société des autres ; " Il a „ la jambe fine, il porte noblement sa tête, „ il est en apparence plein d'ame & de feu : „ Vous avez raison, vous répondra-t'il ; " mais „ il est excessivement fougueux ; on en n'approche pas sans danger ; son ombre l'effarouche ; une mouche lui fait prendre le mors „ aux dents ; il faut que je m'en défasse ". De-là passant à ses Chiens : " Voyez-vous,

pérament varie & que ses vicissitudes peuvent être funestes ; & qui que ce

„ ajoutera-t'il, tout de suite, (car vous avez „ touché sa corde) ; voyez-vous cette petite „ Chienne noire & blanche : elle est assez mal „ coëffée : son poil & sa taille ne sont pas „ avantageux : elle paroît manquer de jarret ; „ mais elle a l'odorat exquis ; pour la sagacité, „ je ne connois pas sa pareille ; & de l'ardeur : „ hélas ! elle n'en a que trop pour sa force. „ Si j'avois le malheur de la perdre, je don- „ nerois pour la retrouver tous ces grands „ Chiens de parade qui m'embarrassent plus „ qu'ils ne me servent. Fainéans, lâches & „ gourmands, mon Piqueur a pris des peines „ infinies pour n'en rien faire qui vaille : ils „ ont tellement dégénérés ; (car Finaude leur „ mere étoit admirable !) qu'il faut que par „ la négligence de ces coquins à rouer à coups „ de barre (ce sont ses Valets d'écurie) elle „ ait été couverte par quelque Mâtin de ma „ basse-cour. „ C'est ainsi que ceux qui ont le moins étudié la Nature dans leur espece, distinguent à merveille & les défauts qui lui sont étrangers, & les qualités qui lui con- viennent, en d'autres Créatures. C'est ainsi que la bonté qui les affecte si peu en eux-mêmes & dans leurs semblables, surprend ailleurs leur hommage : tant est naturel le sentiment que nous en avons. C'est bien ici que nous au- rons raison de dire avec Horace

Naturam expellas furcâ, tamen usque recurret.

ſoit ne ſe met en peine d'en chercher la cauſe. On ſçait que notre conſtitution intellectuelle eſt ſujette à des paralyſies qui l'accablent & l'on n'eſt point curieux de connoître l'origine de ces accidens. Perſonne ne prend le Scalpel & ne travaille à s'éclairer dans les entrailles du Cadavre * : on en eſt à peine dans cette

* Le Chirurgien habile s'exerce long-tems ſur les morts avant que d'opérer ſur les vivans : il s'inſtruit le ſcalpel à la main , de la ſituation , de la nature , & de la configuration des parties : il avoit exécuté cent fois ſur le Cadavre les opérations de ſon art avant que de les tenter ſur l'Homme. C'eſt un exemple que nous dévrions tous imiter : *te ipſum concute*. Rien n'eſt plus reſſemblant à ce que l'Anatomiſte appelle *un Sujet*, que l'ame dans un état de tranquillité : il ne faut alors pour opérer ſur elle ni la même adreſſe ni le même courage que , quand les paſſions l'échauffent & l'animent. On peut ſonder ſes bleſſures & parcourir ſes replis , ſans l'entendre ſe plaindre , gémir , ſoupirer : au contraire dans le tumulte des paſſions , c'eſt un malade puſillanime & ſenſible que le moindre appareil effraye ; c'eſt un Patient intraitable qu'on ne peut réſoudre. Dans cet état , quel eſpoir de guériſon , ſurtout ſi le Médecin eſt un ignorant !

matiére aux idées de Parties & de Tout. On ignore entiérement l'effet que doivent produire une affection réprimée, un mauvais penchant négligé, ou quelque bonne inclination relâchée. Comment une seule action a-t'elle occasionné dans l'esprit une révolution capable de le priver de tout plaisir ; c'est ce qu'on voit arriver ; c'est ce qu'on ne comprend pas ; & dans l'indifférence de s'en instruire, on est tout prêt à supposer qu'un Homme peut violer sa foi, s'abandonner à des crimes qui ne lui sont point familiers & se plonger dans les vices, sans porter le trouble dans son ame & sans s'exposer à des suites fatales à son bonheur.

On dit tous les jours « Un tel a fait » une bassesse ; mais en est-il moins heu- » reux ? » Cependant en parlant de ces hommes sombres & farouches, on dit encore « Cet homme eſt ſon propre » bourreau ». Une autre fois on conviendra « qu'il y a des paſſions, des » humeurs, tel tempérament capable » d'empoiſonner la condition la plus dou- » ce & de rendre la Créature malheureu- » ſe dans le ſein de la proſpérité ». Tous ces raiſonnemens contradictoires, ne prouvent-ils pas ſuffiſamment que nous n'avons pas l'habitude de traiter des ſujets moraux & que nos idées ſont encore bien confuſes ſur cette matiére.

Si la conſtitution de l'eſprit nous paroiſſoit telle qu'elle eſt en effet ; ſi nous étions bien convaincus qu'il eſt impoſſible d'étouffer une affection raiſonnable ou de nourir un penchant vicieux, ſans attirer ſur nous un portion de cette miſére extrême dont nous convenons que la dépravation complette eſt toujours accompagnée, ne reconnoîtrionsnous pas en même-tems que toute action injuste portant le désordre dans le tempérament ou augmentant celui qui y régne déja, quiconque fait mal ou préjudicie à sa bonté, est plus fou, est plus cruel à lui-même que celui qui, sans égard pour sa santé, se nourriroit de mets empoisonnés, ou, qui se déchirant le corps de ses propres mains, se plairoit à se couvrir de blessures.

SECTION TROISIEME.

Nous avons fait voir que, dans l'Animal, toute action qui ne part point de ses affections naturelles, ou de ses passions, n'est point une action de l'Animal. Ainsi dans ces accès convulsifs où la Créature se frappe elle-même & s'élance sur ceux qui la secourent; c'est un horloge détraqué qui sonne mal-à-propos : c'est la machine qui agit & non l'Animal.

Toute action de l'Animal, considéré comme Animal, part d'une affection, d'un penchant, ou d'une passion qui le meut; telle que seroient, par exemple, l'amour, la crainte, ou la haine.

Des affections foibles ne peuvent l'emporter sur des affections plus puissantes qu'elles; & l'Animal suit nécessairement* dans l'action le parti le plus fort. Si les affections inégalement partagées forment en nombre ou en essence un côté supérieur à l'autre, c'est de celui-là que l'Animal inclinera. Voilà le balancier qui le met en mouvement & qui le gouverne.

Les affections qui déterminent l'Animal dans ses actions sont de l'une ou de l'autre de ces trois espéces.

Ou des affections naturelles & dirigées au bien général de son espece.

* Remarquez qu'il ne s'agit que de l'Animal.

Ou des affections naturelles & dirigées à son intérêt particulier.

Ou des affections qui ne tendent ni au bien général de son espece, ni à ses intérêts particuliers, qui même sont opposées à son bien privé & que par cette raison nous appellerons affections dénaturées : selon l'espece & le dégré de ces affections, la Créature qu'elles dirigent, est bien ou mal constituée, bonne ou mauvaise.

Il est évident que la derniere espece d'affections est toute vicieuse. Quant aux deux autres, elles peuvent être bonnes ou mauvaises selon leur degré. Elles maîtrisent toujours la Créature purement sensible ; mais la Créature sensible & raisonnable peut toujours les maîtriser, quelque puissantes qu'elles soient.

Peut-être trouvera-t'on étrange que des affections sociales puissent être trop fortes & des affections intéressées, trop foibles. Mais pour dissiper ce scrupule, on n'a qu'à se rappeller (ce que nous avons dit plus haut) que dans des circonstances particuliéres, les affections sociales deviennent quelquefois excessives & se portent à un point qui les rend vicieuses. Lors, par exemple, que la commisération est si vive qu'elle manque son but, en supprimant par son excès les secours qu'on a droit d'en attendre : lorsque la tendresse maternelle est si violente qu'elle perd la Mere & par conséquent l'Enfant avec elle. « Mais, dira-t'on, traiter de vicieux & de dénaturé, ce qui n'est que l'excès de quelqu'affection naturelle & généreuse, n'y auroit-il pas en cela un rigorisme mal entendu » ? Pour toute réponse à cette objection, je remarquerai que la meilleure affection dans sa nature suffit par ſon *intenſité* pour endommager toutes ſes compagnes , pour reſtreindre leur énergie & rallentir ou ſuſpendre leurs opérations. En accordant trop à l'une, la Créature eſt contrainte de donner trop peu à d'autres de la même claſſe, & qui ne ſont ni moins naturelles ni moins utiles. Voilà donc l'injuſtice & la partialité introduite dans le caractère : conſéquemment, quelques devoirs ſeront remplis avec négligence ; & d'autres, moins eſſentiels peut-être, ſuivis avec trop de chaleur.

On peut avouer ſans crainte, ces principes dans toute leur étendue ; puiſque la Religion même, conſidérée comme une paſſion, mais de l'eſpece héroïque, peut être pouſſée trop loin * &

* *Inſani ſapiens nomen ferat, æquus iniqui,*
Ultrà quam ſatis eſt, virtutem ſi petat ipſam.
Horat. Satyr.

troubler par son excès toute l'œconomie des inclinations sociales. Oui la Religion, j'ose le dire, seroit trop énergique en celui qu'une contemplation immodérée des choses célestes, qu'une intempérance d'extase, refroidiroit sur les offices de la vie civile & les devoirs de la société. Cependant « Si l'objet de » la dévotion est raisonnable, & si la » croyance est orthodoxe ; quelle que » soit la dévotion, pourra-t'on dire en» core ; Il est dûr de la traiter de super» stition ? Car enfin si la Créature laisse » aller ses affaires domestiques à l'aban» don & néglige les intérêts temporels » de son prochain & les siens, c'est l'ex» cès d'un zèle saint dans son origine » qui produit ces effets ». Je réponds à cela que la vraie Religion ne commande pas une abnégation totale des soins d'ici bas : ce qu'elle exige, c'est la préférence du cœur : elle veut qu'on rende à Dieu, aux autres & à ſoi-même, tout ce qu'on leur doit, ſans remplir une de ces obligations, au préjudice d'une autre. Elle ſçait les concilier entr'elles par une ſubordination ſage & meſurée.

Mais ſi d'un côté les affections ſociales peuvent être trop énergiques. De l'autre, les paſſions intéreſſées peuvent être trop foibles. Si, par exemple, une Créature, ferme les yeux ſur les dangers & mépriſe la vie ; ſi les inclinations utiles à ſa déffence, à ſon bien-être & à ſa conſervation manquent de force ; c'eſt aſſurément un vice en elle, relativement aux deſſeins & au but de la Nature. Les loix & la méthode qu'elle obſerve dans ſes opérations, en ſont des preuves autentiques. Dira-t'on que le ſalut de l'Animal entier l'intéreſſe moins que celui d'un membre, d'un organe ou d'une ſeule de ſes parties ? Non, ſans doute. Or elle a donné, nous le voyons, à chaque membre, à chaque organe, à chaque partie, les propriétés néceſſaires à ſa ſûreté ; de ſorte qu'à notre inſçu même, ils veillent à leur bien-être & agiſſent pour leur deffenſe. L'œil naturellement circonſpect & timide ſe ferme de lui-même & quelquefois malgré nous : ôtez-lui ſa promptitude & ſon indocilité, & toute la prudence imaginable ne ſuffira pas à l'Animal pour ſe conſerver la vûe. La foibleſſe dans les affections qui concernent le bien de l'Automate eſt donc un vice : pourquoi le même défaut dans les affections qui concernent les intérêts d'un Tout plus important que le corps, je veux dire l'ame, l'eſprit & le caractère, ne ſeroit-il pas une imperfection ?

C'eſt en ce ſens que les penchans intéressés deviennent essentiels à la Vertu. Quoique la Créature ne soit ni bonne ni vertueuse, précisément parce qu'elle a ces affections ; comme elles concourent au bien général de l'espece, quand elle en est dénuée, elle ne posséde pas toute la bonté dont elle est capable & peut être regardée comme défectueuse & mauvaise dans l'ordre naturel.

C'est encore en ce sens que nous disons de quelqu'un « qu'il est trop bon », lorsque des affections trop ardentes pour l'intérêt d'autrui l'entraînent au-delà ; ou lorsque trop d'indolence pour ses vrais intérêts, l'arrêtent en-deçà des bornes que la Nature & la Raison lui prescrivent.

Si l'on nous objecte qu'une façon de posséder dans les mœurs & d'observer dans la conduite les proportions morales, ce seroit d'avoir les passions sociales trop énergiques, lorsque les penchans intéressés sont excessifs, & lorsque les inclinations intéressées sont trop foibles, d'avoir les affections sociales défectueuses. Car en ce cas, celui qui compteroit sa vie pour peu de chose, feroit avec une dose legére d'affection sociale, tout ce que l'amitié la plus généreuse peut exiger ; & il n'y auroit rien de tout ce que le courage le plus héroïque inspire, qu'à l'aide d'un excès d'affection sociale, ne pût exécuter la Créature la plus timide.

Nous répondrons que c'est relativement à la constitution naturelle & à la destination particuliére de la Créature, que nous accusons quelques passions d'excès & que nous reprochons à d'autres, la foiblesse. Car lorsqu'un penchant dont l'objet est raisonnable, n'est utile que dans sa violence ; si ce degré, d'ailleurs n'altére point l'œconomie intérieure

& ne met aucune diſproportion entre les autres affections ; on ne pourra le condamner comme vicieux. Mais ſi la conſtitution naturelle de la Créature ne permet pas au reſte des affections de monter à ſon uniſſon ; ſi le ton des unes eſt auſſi haut, & celui des autres plus bas, quelle que ſoit la nature des unes & des autres, elles pécheront par excès ou par défaut : car puiſqu'il n'y a plus entr'elles de proportion, puiſque la balance qui doit les tempérer, eſt rompue, ce déſordre jettera de l'inégalité dans la pratique & rendra la conduite vicieuſe.

Mais pour donner des idées claires & diſtinctes de ce que j'entends par œconomie des affections, je deſcends aux eſpeces de Créatures qui nous ſont ſubordonnées. Celles que la Nature n'a point armées contre la violence & qui ne ſont formidables d'aucun côté, doivent être ſuſceptibles d'une grande frayeur & ne reſſentir que peu d'animoſité ; car cette derniere qualité ſeroit infailliblement la cauſe de leur perte ſoit en les déterminant à la réſiſtance, ſoit en retardant leur fuite. C'eſt à la crainte ſeule qu'elles peuvent avoir obligation de leur ſalut. Auſſi la crainte tient-t'elle les ſens en ſentinelle, & les eſprits en état de porter l'allarme.

En pareil cas, la frayeur habituelle & l'extrême timidité ſont conſéquemment à la conſtitution animale de la Créature, des affections auſſi conformes à ſon intérêt particulier & au bien général de ſon eſpéce, que le reſſentiment & le courage ſeroient préjudiciables à l'un & à l'autre. Auſſi-remarque-t-on que dans un ſeul & même ſyſtême, la nature a pris ſoin de diverſifier ces paſſions proportionnellement tionellement au ſexe, à l'âge & à la force des Créatures. Dans le ſyſtême animal, les animaux innocens ſe raſſemblent & paiſſent en troupe; mais les bêtes farouches vont communément deux à deux, vivent ſans ſociété & comme il convient à leur voracité naturelle. Entre les premiers, le courage eſt toutefois en raiſon de la taille & des forces. Dans les occaſions périlleuſes, tandis que le reſte du troupeau s'enfuit, le bœuf préſente les cornes à l'ennemi, & montre bien qu'il ſent ſa vigueur. La nature qui ſemble preſcrire à la femelle de partager le danger, n'a pas laiſſé ſon front ſans défenſe. Pour le Daim, la Biche & leurs ſemblables, ils ne ſont ni vicieux ni dénaturés, lorſqu'à l'approche du Lion, ils abandonnent leurs petits & cherchent leur ſalut dans leur vîteſſe. Quant aux Créatures capables de réſiſtance, & à qui la nature a donné des armes offenſives, depuis le cheval & le taureau juſqu'à l'abeille & au moucheron, ils entrent promptement en furie, ils fondent avec intrépidité ſur tout aggreſſeur, & défendent leurs petits au péril de leur propre vie. C'eſt l'animoſité de ces créatures qui fait la ſûreté de leur eſpéce. On eſt moins ardent à offenſer, quand on ſçait par expérience que le lézé, quoiqu'incapable de repouſſer l'injure, ne la ſupportera pas tranquillement; mais que, pour punir l'offenſeur, il s'expoſera ſans regret à perdre la vie. De tous les êtres vivans, l'homme eſt le plus formidable en ce ſens. Lorſqu'il s'agira de ſa propre cauſe ou de celle de ſon pays, il n'y a perſonne dont il ne puiſſe tirer une vengeance, qu'il regardera comme équitable & exemplaire, & s'il eſt aſſez intrépide pour ſacrifier ſa vie, il eſt maître de celle d'un autre quelque bien gardé qu'il puiſſe être. Dans ces Républiques de l'antiquité, où les peuples nés libres ont été quelquefois ſubjugués par l'ambition d'un Citoyen, on a vû des exemples de ce courage, & des uſurpateurs punis malgré leur vigilance, des cruautés qu'ils avoient exercées; on a vû des hommes généreux tromper toutes les précautions poſſibles, & aſſurer par la mort des tyrans, le ſalut & la liberté de leur patrie *.

* J'ai crû devoir rectifier ici la penſée de M. S. qui nomme hardiment & conſéquemment aux préjugés de ſa nation, vertu, courage, héroiſme le meurtre d'un Tyran en général. Car ſi ce Tyran eſt Roi par ſa naiſſance ou par le choix libre des peuples, il eſt de principe parmi nous que ſe portât-t'il aux plus étranges excès, c'eſt toujours un crime horrible que d'attenter à ſa vie. La Sorbonne l'a décidé en 1626. Les premiers fidelles n'ont pas cru qu'il leur fût permis de conſpirer contre leurs perſécuteurs, Neron, Dece, Dioclétien, &c. & Saint Paul a dit expreſſément, *Obedite præpoſitis veſtris etiam diſcolis, & ſubjacete eis.*

Enfin on peut dire que les affections ſont dans la conſtitution animale, ce que ſont les cordes ſur un inſtrument de muſique. Les cordes ont beau garder entr'elles les proportions requiſes, ſi la tenſion eſt trop grande, l'inſtrument eſt mal monté, & ſon harmonie eſt éteinte. Mais ſi tandis que les unes ſont au ton qui convient, les autres ne ſont pas montées en proportion; la Lyre ou le Luth eſt mal accordé, & l'on n'exécutera rien qui vaille. Les différens ſyſtêmes de créatures, répondent aux différentes eſpéces d'inſtrumens; & dans le même genre d'inſtrumens, ainſi que dans le même ſyſtême de Créatures, tous ne ſont pas égaux, & ne portent pas les mêmes cordes. La tenſion qui convient à l'un briſeroit les cordes de l'autre, & peut-être l'inſtrument même. Le ton qui fait ſortir toute l'harmonie de celui-ci, rend ſourd ou fait crier celui-là. Entre les hommes, ceux qui ont le ſentiment vif & délicat, ou que les plaiſirs & les peines affectent aiſément, doivent pour le maintien de cette balance intérieure ſans laquelle la créature mal diſpoſée à remplir ſes fonctions troubleroit le concert de la ſociété, poſſéder les autres affections, telles que la douceur, la commiſération, la tendreſſe & l'affabilité, dans un degré fort élevé. Ceux au contraire qui ſont froids, & dont le tempérament eſt placé ſur un ton plus bas, n'ont pas beſoin d'un accompagnement ſi marqué. Auſſi la nature ne les a-t-elle pas deſtinés, ou à reſſentir ou à exprimer les mouvemens tendres & paſſionnés, au même point que les précédens *.

* Nous reſſemblons à de vrais Inſtrumens dont les paſſions ſont les cordes. Dans le fou, elles ſont trop hautes, l'inſtrument crie; elles

Il feroit curieux de parcourir les différens tons des paffions, les modes divers des affections & toutes ces mefures de fentimens qui différencient les caractères entre eux. Point de fujet fufceptible de tant de charmes & de tant de difformités. Toutes les créatures qui nous environnent, confervent fans altération l'ordre

font trop baffes dans le ftupide, l'inftrument eft fourd. Un homme fans paffions eft donc un inftrument dont on a coupé les cordes ou qui n'en eut jamais. C'eft ce qu'on a déja dit. Mais il y a plus. Si quand un inftrument eft d'accord vous en pincez une corde, le fon qu'elle rend occafionne des frémiffemens & dans les inftrumens voifins, fi leurs cordes ont une tenfion proportionnellement harmonique avec la corde pincée; & dans fes voifines fur le même inftrument, fi elles gardent avec elle la même proportion. Image parfaite de l'affinité, des rapports & de la confpiration mutuelle de certaines affections dans le même caractère, & des impreffions gracieufes & du doux frémiffement que les belles actions excitent dans les autres, furtout lorfqu'ils font vertueux. Cette comparaifon pourroit-être pouffée bien loin; car le fon excité eft toujours analogue à celui qui l'excite.

& la régularité requiſes dans leurs affections. Jamais d'indolence dans les ſervices qu'elles doivent à leurs petits & à leurs ſemblables. Lorſque notre voiſinage ne les a point dépravés, la proſtitution, l'intempérance & les autres excès leur ſont généralement inconnus. Ces petites créatures qui vivent comme en République, les abeilles & les fourmis ſuivent dans toute la durée de leur vie, les mêmes loix, s'aſſujétiſſent au même gouvernement, & montrent dans leur conduite toujours la même harmonie. Ces affections qui les encouragent au bien de leur eſpéce, ne ſe dépravent, ne s'affoibliſſent, ne s'anéantiſſent jamais en elles. Avec les ſecours de la Religion & ſous l'autorité des loix, l'homme vit d'une façon moins conforme à ſa nature que ne font ces Inſectes. Ces loix dont le but eſt de l'affermir dans la pratique de la justice, sont souvent pour lui des sujets de révolte ; & cette Religion qui tend à le sanctifier, le rend quelquefois la plus barbare des Créatures. On propose des questions ; on se chicane sur des mots ; on forme des distinctions ; on passe aux dénominations odieuses ; on proscrit de pures opinions sous des peines séveres. De-là naissent les antipathies, les haines & les séditions. On en vient aux mains, & l'on voit à la fin la moitié de l'espéce se baigner dans le sang de l'autre moitié *. J'oserois assurer, qu'il est presque impossible de trouver sur la terre une société d'hommes qui se

* Les Arabes pour décider plus souverainement que dans les Ecoles, si les attributs de Dieu étoient ou réellement ou virtuellement distingués, se sont livré des batailles sanglantes. † Celles dont l'Angleterre a été quelquefois déchirée, n'avoient gueres de fondement plus solide.

† *Herbelot Bibl. Orient.*

gouvernent par des principes humains *.

* Qui prendra la peine de lire avec soin l'Histoire du Genre-humain, & d'examiner d'un œil indifférent la conduite des Peuples de la terre, se convaincra lui-même qu'excepté les devoirs qui sont absolument nécessaires à la conservation de la Société humaine (qui ne sont même que trop souvent violés par des sociétés entieres à l'égard des autres sociétés) on ne sçauroit nommer aucun principe de Morale ni imaginer aucune régle de Vertu qui dans quelque endroit du monde ne soit méprisée ou contredite par la pratique générale de quelques Sociétés entiéres qui sont gouvernées par des maximes & dirigées par des régles tout-à-fait opposées à celles de quelqu'autre Société. Des Nations entieres & même des plus policées ont cru qu'il leur étoit aussi permis d'exposer leurs enfans & de les laisser mourir de faim, que de les mettre au monde. Il y a des contrées à-present où l'on ensévelit les Enfans tout vifs, avec leurs Meres, s'il arrive qu'elles meurent dans leurs couches. On les tue ; si un Astrologue assure qu'ils sont nés sous une mauvaise étoile. Ailleurs, un Enfant tue, ou expose son Pere & sa Mere, lorsqu'ils sont parvenus à un certain âge. Dans un canton de l'Asie, dès qu'on désespere de la santé d'un malade, on le met dans une fosse creusée en terre, & là exposé au vent & aux injures de l'air, on le laisse périr impitoyablement. Il est ordinaire parmi les Mingreliens qui font profession de Christianisme, d'ensévelir leurs enfans tous vifs. Les Caribes les

Eſt-il ſurprenant, après cela, qu'on ait peine à trouver dans ces ſociétés un homme qui ſoit vraiment homme, & qui vive conformément à ſa nature.

Mais après avoir expliqué ce que j'entens par des paſſions trop foibles ou trop fortes, & démontré que, quoique les unes & les autres paſſent quelquefois pour des vertus, ce ſont, à proprement parler, des imperfections & des vices; je viens à ce qui conſtitue la malice d'une maniere plus évidente & plus avouée, & je réduis la choſe à trois cas.

mutilent, les engraiſſent & les mangent. Garcilaſſo de la Vega, rapporte que certains Peuples du Perou font des concubines de leurs priſonnieres, nourriſſent délicieuſement les Enfans qu'ils en ont, & s'en repaiſſent ainſi que de la Mere, lorſqu'elle devient ſtérile. Les Uſages, les Religions, & les Gouvernemens divers qui partagent l'Europe, nous fourniroient une multitude d'actions moins barbares en apparence, mais auſſi déraiſonnables au fond & peut-être plus dangereuſes dans les conſéquences.

I. Ou les affections ſociales ſont foibles & défectueuſes.

II. Ou les affections privées ſont trop fortes.

III. Ou les affections ne tendent ni au bien particulier de la Créature, ni à l'intérêt général de ſon eſpéce.

Cette énumération eſt complette, & la Créature ne peut être dépravée, ſans être compriſe dans l'un ou l'autre de ces états, ou dans tous à la fois. Si je prouve donc que ces trois états ſont contraires à ſes vrais intérêts, il s'enſuivra que la vertu ſeule peut faire ſon bonheur, puiſqu'elle ſeule ſuppoſe entre les affections tant ſociales que privées une juſte balance, une ſage & paiſible œconomie.

Au reſte, lorſque nous aſſurons que l'œconomie des affections ſociales fait le bonheur temporel; c'eſt autant que la Créature peut être heureuſe dans ce monde. Nous ne prétendons rien prouver de contraire à l'expérience : or elle ne nous apprend que trop bien que les orages passagers qui troublent l'homme le plus heureux, sont pour le moins aussi fréquens que les fautes légéres qui échappent à l'homme le plus juste. Ajoutez à cela ces élans continuels vers l'Eternité, ces mouvemens d'une ame qui sent le vuide de son état actuel, mouvemens d'autant plus vifs que la ferveur est grande. D'où l'on peut conclure sans aller plus loin, que s'il est vrai qu'il y ait du bonheur attaché à la pratique des Vertus, comme nous le démontrerons, il ne l'est pas moins que la Créature ne peut jouir d'une félicité proportionnée à ses desirs, d'un bonheur qui la remplisse, d'un repos immuable, que dans le sein de la Divinité.

Voici donc ce qui nous reste à prouver.

I.

Que le principal moyen d'être bien avec ſoi & par conſéquent d'être heureux, c'eſt d'avoir les affections ſociales entieres & énergiques ; & que manquer de ces affections, ou les avoir défectueuſes c'eſt être malheureux.

II.

Que c'eſt un malheur que d'avoir les affections privées trop énergiques, & par conſéquent au-deſſus de la ſubordination que les affections ſociales doivent leur imprimer.

III.

Enfin que d'être pourvû d'affections dénaturées, ou de ces penchans qui ne tendent ni au bien particulier de la Créature ni à l'intérêt général de ſon eſpéce, c'eſt le comble de la miſere.

PARTIE SECONDE.

SECTION PREMIERE.

POUR démontrer que le principal moyen d'être heureux c'eſt d'avoir les affections ſociales, & que manquer de ces penchans, c'eſt être malheureux; je demande en quoi conſiſtent ces plaiſirs & ces ſatisfactions qui font le bonheur de la Créature. On les diſtingue communément en plaiſirs du corps, & en ſatisfactions de l'eſprit.

On ne diſconvient pas que les ſatisfactions de l'eſprit ne ſoient préférables aux plaiſirs du corps. En tout cas, voici comment on pourroit le prouver. Toutes les fois que l'eſprit a conçu une haute opinion du mérite d'une action, qu'il eſt vivement frappé de ſon héroïſme, & que cet objet a fait toute ſon impreſſion, il n'y a ni terreurs ni promeſſes, ni peines ni plaiſirs du corps, capables d'arrêter la Créature. On voit des Indiens, des Barbares, des malfaiteurs & quelquefois les derniers des humains, s'expoſer pour l'intérêt d'une troupe, par reconnoiſſance, par animoſité, par des principes d'honneur ou de galanterie à des travaux incroyables, & défier la mort même. Tandis que le moindre nuage d'eſprit, le plus léger chagrin, un petit contretems, empoiſonnent & anéantiſſent les plaiſirs du corps; & cela, lorſque placé d'ailleurs dans les circonſtances les plus avantageuſes, au centre de tout ce qui pouvoit exciter & entretenir l'enchantement des ſens, on étoit ſur le point de s'y abandonner. C'eſt en vain qu'on eſſayeroit de les rappeller: tant que l'eſprit ſera dans la même aſſiette, les efforts, ou ſeront inutiles, ou ne produiront qu'impatience & dégout.

Mais si les satisfactions de l'esprit sont supérieures aux plaisirs du corps, comme on n'en peut douter ; il suit de-là, que tout ce qui peut occasionner dans un Etre intelligent une succession constante de plaisirs intellectuels, importe plus à son bonheur que ce que lui offriroit une pareille chaîne de plaisirs corporels.

Or les satisfactions intellectuelles consistent ou dans l'exercice même des affections sociales, ou découlent de cet exercice en qualité d'effets.

Donc, l'œconomie des affections sociales étant la source des plaisirs intellectuels, ces affections sociales seront seules capables de procurer à la Créature un bonheur constant & réel.

Pour développer maintenant comment les affections sociales font par elles-mêmes les plaisirs les plus vifs de la Créature, (travail superflu pour celui qui a

éprouvé

éprouvé la condition de l'esprit sous l'empire de l'amitié, de la reconnoissance, de la bonté, de la commisération, de la générosité, & des autres affections sociales). Celui qui a quelques sentimens naturels, n'ignore point la douceur de ces penchans généreux; mais la différence que nous trouvons, tous tant que nous sommes, entre la solitude & la compagnie; entre la compagnie d'un indifférent & celle d'un ami; la liaison de presque tous nos plaisirs avec le commerce de nos semblables & l'influence qu'une société présente ou imaginaire exerce sur eux, décident la question.

Sans en croire le sentiment intérieur, la supériorité des plaisirs qui naissent des affections sociales sur ceux qui viennent des sensations, se reconnoît encore à des signes extérieurs, & se manifeste au dehors par des symptômes merveilleux. On la lit ſur les viſages : elle s'y peint en des caractères indicatifs d'une joie plus vive, plus complette, plus abondante, que celle qui accompagne le ſoulagement de la faim, de la ſoif & des plus preſſans appétits. Mais l'aſcendant actuel de cette eſpece d'affection ſur les autres, ne permet pas de douter de leur énergie. Lorſque les affections ſociales ſe font entendre, leur voix ſuſpend tout autre ſentiment, & le reſte des penchans garde le ſilence. L'enchantement des ſens n'a rien de comparable : quiconque éprouvera ſucceſſivement l'une & l'autre volupté, donnera ſans balancer la préférence à la premiére. Mais pour prononcer avec équité, il faut les avoir éprouvées dans toute leur *intenſité*. L'honnête homme peut connoître toute la vivacité des plaiſirs ſenſuels : l'uſage modéré qu'il en fait, répond de la ſenſibilité de ſes organes & de la délicateſſe de ſon goût : mais le méchant, étranger par ſon état aux affections ſociales, eſt abſolument incapable de juger des plaiſirs qu'elles cauſent.

Objecter que ces affections ne déterminent pas toujours la Créature qui les poſſéde ; c'eſt ne rien dire. Car ſi la Créature ne les reſſent pas dans leur énergie naturelle, c'eſt comme ſi elle en étoit actuellement privée, & qu'elle l'eût toujours été. Mais en attendant la démonſtration de cette propoſition, nous remarquerons que moins une Créature aura d'affection ſociale ; plus il ſera ſurprenant qu'elle prédomine : toutefois ce prodige n'eſt pas inoui. Or ſi l'affection ſociale, telle quelle, a pû dans une occaſion ſurmonter la ſcélérateſſe, il reſte inconteſtable que fortifiée par un exercice aſſidu, elle auroit toujours prévalu.

Telle eſt la puiſſance & le charme de l'affection ſociale, qu'elle arrache la Créature à tout autre plaiſir. Lorſqu'il eſt queſtion des intérêts du ſang & dans cent autres occaſions, cette paſſion maîtriſe ſouverainement, & ſa préſence triomphe presque ſans effort des tentations les plus ſéduiſantes.

Ceux qui ont fait quelque progrès dans les Sciences, & à qui les premiers principes des Mathématiques ne ſont pas inconnus, aſſurent que l'eſprit trouve dans ces vérités, quoique purement ſpéculatives, une ſorte de volupté ſupérieure à celle des ſens : Or on a beau creuſer la Nature de ce plaiſir de contemplation, on n'y découvre pas le moindre rapport avec les intérêts particuliers de la Créature. Le bien de ſon ſyſtême individuel eſt ici pour zéro. L'admiration & la joie qu'elle reſſent, tombent ſur des choſes extérieures & étrangéres au Mathématicien : & quoique le ſentiment des premiers plaiſirs qu'il éprouve & qui lui rendent habituelle l'étude de ces Sciences abſtraites & pénibles, puiſſe devenir en lui une raiſon d'intérêt ; ces premiéres voluptés, ces ſatisfactions originelles qui l'ont déterminé à ce genre d'occupation, ne peuvent avoir d'autre cauſe que l'amour de la vérité, la beauté de l'ordre & le charme des proportions ; & cette paſſion conſidérée dans ce point de vûe eſt du genre des affections naturelles. Car puiſque ſon objet n'eſt point dans l'étendue du ſyſtême individuel de la Créature, il faut ou la traiter d'inutile, de ſuperflue, & conſéquemment d'inclination dénaturée ; ou, la prenant pour ce qu'elle eſt, l'approuver comme une délectation raiſonnable, engendrée par la contemplation des nombres, de l'harmonie, des proportions & des accords qui ſont obſervés dans la conſtitution des Etres, qui fixent l'ordre des choſes & qui ſoutiennent l'Univers.

Or ſi ce plaiſir de contemplation eſt ſi grand que les voluptés corporelles n'ont rien qui l'égale, quel ſera donc celui qui naît de l'exercice de la Vertu, qui ſuit une action héroïque ? Car c'eſt alors que pour combler le bonheur de la Créature, une flatteuſe approbation de l'eſprit ſe réunit à des mouvemens du cœur délicieux & preſque divins. En effet, quel plus beau ſujet de réflexion dans l'Univers, quelle plus raviſſante matiére à contempler qu'une grande, noble & vertueuſe action ? Eſt-il quelque choſe dont la connoiſſance intérieure & la mémoire puiſſent cauſer une ſatisfaction plus pure, plus douce, plus complette & plus durable.

Dans cette paſſion qui rapproche les ſexes, ſi la tendreſſe du cœur ſe mêle à l'ardeur des ſens, ſi l'amour de la perſonne accompagne celui du plaiſir; quel ſurcroît de délectation! auſſi quelle différence d'énergie entre le ſentiment & l'appétit? Le premier a fait entreprendre des travaux incroyables & braver la mort même, ſans autre intérêt que celui de l'objet aimé, ſans aucune vûe de récompenſe: car où ſeroit le fondement de cet eſpoir? En ce monde? la mort finit tout. Dans l'autre vie? je ne connois point de Légiſlateur qui ait ouvert le Ciel aux héros amoureux, & deſtiné des récompenſes à leurs glorieux travaux.

Les ſatisfactions intellectuelles qui naiſſent des affections ſociales, ſont donc ſupérieures aux plaiſirs corporels. Mais ce n'eſt pas tout, elles ſont encore indépendantes de la ſanté, de l'aiſance; de la gayeté & de tous les avantages de la fortune & de la proſpérité. Si dans les périls, les craintes, les chagrins, les pertes & les infirmités, on conſerve les affections ſociales, le bonheur eſt en ſûreté. Les coups qui frappent la Vertu, ne détruiſent point le contentement qui l'accompagne. Je dis plus. C'eſt une beauté qui a quelque choſe de plus doux & de plus touchant dans la triſteſſe & dans les larmes qu'au milieu des plaiſirs. Sa mélancolie a des charmes particuliers; ce n'eſt que dans l'adverſité qu'elle s'abandonne à ces épanchemens ſi tendres & ſi conſolans. Si l'adverſité n'empoiſonne point ſes douceurs, elle ſemble accroître ſa force & relever ſon éclat. La Vertu ne paroît avec toute ſa ſplendeur que dans la tempête & ſous le nuage. Les affections ſociales ne montrent toute leur valeur que dans les grandes afflictions. Si ce genre de passions est adroitement remué, comme il arrive à la représentation d'une bonne Tragédie, il n'y a aucun plaisir à égalité de durée, qu'on puisse comparer à ce plaisir d'illusion. Celui qui sçait nous intéresser au destin du Mérite & de la Vertu, nous attendrir sur le sort des bons, & soulever en leur faveur tout ce que nous avons d'humanité; celui-là, dis-je, nous jette dans un ravissement, & nous procure une satisfaction d'esprit & de cœur supérieure à tout ce que les sens ou les appétits causent de plaisirs. Nous conclurons de-là que l'exercice actuel des affections sociales est une source des voluptés intellectuelles.

Démontrons à présent qu'elles dérivent encore de cet exercice, en qualité d'effets.

Nous remarquerons d'abord que le but des affections sociales relativement à l'esprit, c'est de communiquer aux autres les plaisirs qu'on ressent, de partager ceux dont ils jouissent, & de se flatter de leur estime & de leur approbation.

La satisfaction de communiquer ses plaisirs, ne peut être ignorée que d'une Créature affligée d'une dépravation originelle & totale. Je passe donc à la satisfaction de partager le bonheur des autres & de le ressentir avec eux; à ces plaisirs que nous recueillons de la félicité des Créatures qui nous environnent, soit par les récits que nous en entendons, soit par l'air, les gestes, & les sons qui nous en instruisent; ces Créatures, fussent-elles d'une espéce différente, pourvû que les signes caractéristiques de leur joie soient à notre portée. Les plaisirs de participation sont si fréquents & si doux, qu'en parcourant de bonne ſoi tous les quarts-d'heures amuſans de la vie, on conviendra que ces plaiſirs en ont rempli la plus grande & la plus délicieuſe partie.

Quant au témoignage qu'on ſe rend à ſoi-même, de mériter l'eſtime & l'amitié de ſes ſemblables; rien ne contribue davantage à la ſatisfaction de l'eſprit & au bonheur de ceux même à qui l'on donne le nom de voluptueux, dans la ſignification la plus vile. Les Créatures qui ſe piquent le moins de bien mériter de leur eſpéce, font parade dans l'occaſion d'un caractère droit & moral. Elles ſe complaiſent dans l'idée de valoir quelque choſe. Idée chimérique à la vérité, mais qui les flatte, & qu'elles s'efforcent d'étayer en elles-mêmes, en ſe dérobant à la faveur de quelques ſervices rendus à un ou deux amis, une conduite pleine d'indignités.

Quel Brigand, quel Voleur de grands chemins, quel infracteur déclaré des loix de la ſociété n'a pas un compagnon, une ſociété de gens de ſon eſpéce, une troupe de ſcélérats comme lui dont les ſuccès le réjouiſſent, à qui il fait part de ſes proſpérités ; qu'il traite d'amis, & dont il épouſe les intérêts comme les ſiens propres ? Quel homme au monde eſt inſenſible aux careſſes & à la louange de ſes connoiſſances intimes ? Toutes nos actions n'ont-elles pas quelque rapport à ce tribut ? Les applaudiſſemens de l'amitié n'influent-ils pas ſur toute notre conduite ? n'en ſommes-nous pas même jaloux pour nos vices ? n'entrent-ils pour rien dans la perſpective de l'ambition, dans les fanfaronades de la vanité, dans les profuſions de la ſomptuoſité, & même dans les excès de l'amour deſhonnête? En un mot, ſi les plaiſirs ſe calculoient, comme beaucoup d'autres choses, on pourroit assurer que ces deux sources, la participation au bonheur des autres, & le désir de leur estime, fournissent au moins neuf dixiémes de tout ce que nous en goutons dans la vie. De sorte que de la somme entiére de nos joies, il en resteroit à peine un dixiéme qui ne découlât point de l'affection sociale & qui ne dépendît pas immédiatement de nos inclinations naturelles.

Mais de peur qu'on n'attende de quelque portion d'inclination naturelle l'entier & plein effet d'une affection sincère, complette & vraiment morale; de peur qu'on ne s'imagine qu'une dose légére d'affection sociale est capable de procurer tous les avantages de la société, & d'initier profondément à la participation au bonheur des autres: nous observerons que tout penchant tronqué, que toute inclination rétrécie, se bornant sans sujet à quelque partie d'un tout qui doit intéresser, sera sans fondement réel & solide. L'amour de ses semblables, ainsi que tout autre penchant dont le bien privé de la Créature n'est pas l'objet immédiat, peut être naturel ou dénaturé: s'il est dénaturé, il ne manquera pas de croiser les vrais intérêts de la société, & conséquemment d'anéantir les plaisirs qu'on en peut attendre : s'il est naturel, mais concentré ; il se changera en une passion singuliere, bizarre, capricieuse & qui n'est d'aucun prix. La Créature qu'il anime n'en a ni plus de Vertu ni plus de Mérite. Ceux pour qui ce vent souffle, n'ont aucun gage de sa durée: il s'est élevé sans raison ; il peut changer ou cesser de même. La vicissitude continuelle de ces penchans que le caprice fait éclorre & qui entraînent l'ame de l'amour à l'indifférence & de l'indifférence à l'aversion, doit la tenir dans des troubles interminables, la priver peu à peu du sentiment des plaisirs de l'amitié, & la conduire enfin à une haine parfaite du genre-humain. Au contraire l'affection entiere (d'où l'on a fait le nom d'*intégrité*), comme elle est complette en elle-même, réfléchie dans son objet & poussée à sa juste étendue, est constante, solide & durable. Dans ce cas le témoignage que la Créature se rend à elle-même, d'une disposition équitable pour les hommes en général, justifie ses inclinations particulieres, & ne la rend que plus propre à la participation des plaisirs d'autrui. Mais dans le cas d'une affection mutilée; ce penchant sans ordre, sans fondement raisonnable & sans loi, perd sans cesse à la réflexion; la conscience le désapprouve & le bonheur s'évanouit.

Si l'affection partielle ruine la jouissance des plaisirs de sympathie & de participation ; ce n'est pas tout. Elle tarit encore la troisiéme source des satisfactions intellectuelles ; je veux dire, le témoignage qu'on se rend à soi-même de bien mériter de tous ses semblables. Car d'où naîtroit ce sentiment présomptueux ? Quel mérite solide peut-on se reconnoître ? quel droit a-t'on sur l'estime des autres, quand l'affection qu'on a pour eux est si mal fondée ? Quelle confiance exiger, lorsque l'inclination est si capricieuse ? Qui comptera sur une tendresse qui péche par la base, qui manque de principes ? Sur une amitié que la même fantaisie qui l'a bornée à quelques personnes, à une petite partie du genre-humain, peut resserrer encore & exclure celui qui en jouit actuellement, comme elle en a privé une

une infinité d'autres qui méritoient de la partager.

D'ailleurs on ne doit point espérer que ceux dont la Vertu ne dirige ni l'estime ni l'affection, ayent le bonheur de placer l'une & l'autre en des sujets qui les méritent. Ils auroient peine à trouver dans la multitude de ces amis de cœur dont ils se vantent, un seul homme dont ils prisassent les sentimens, dont ils chérissent la confiance, sur la tendresse duquel ils osassent jurer, & en qui ils pussent se complaire sincérement. Car on a beau repousser les soupçons & se flatter de l'attachement de gens incapables d'en former; l'illusion qu'on se fait, ne peut fournir que des plaisirs aussi frivoles qu'elle : quel est donc dans la Société le désavantage de ces gens à passions mutilées ? La seconde source des plaisirs intellectuels ne fournit presque rien pour eux.

L'affection entiére jouit de toutes les prérogatives dont l'inclination partielle est privée : elle est constante, uniforme, toujours satisfaite d'elle-même ; & toujours agréable & satisfaisante. La bienveillance & les applaudissemens des bons lui sont tout acquis ; & dans les cas désintéressés, elle obtiendra le même tribut des méchans. C'est d'elle que nous dirons avec vérité que la satisfaction intérieure de mériter l'amour & l'approbation de toute Société, de toute Créature intelligente & du principe éternel de toute Intelligence, ne l'abandonne jamais. Or ce principe une fois admis, le Théisme adopté ; les plaisirs qui naîtront de l'affection héroïque dont Dieu sera l'objet final, partageront son excellence & seront grands, nobles & parfaits comme lui. Avoir les affections sociales entiéres, ou l'intégrité de cœur & d'esprit, c'est suivre pas à pas la Nature; c'est imiter, c'est représenter l'Etre suprême, sous une forme humaine; & c'est en cela que consiste la Justice, la Piété, la Morale, & toute la Religion naturelle.

Mais de peur qu'on ne relegue dans l'Ecole ce raisonnement hérissé de phrases & de termes de l'art, & qu'une partie de cet Essai ne demeure sans fondement & sans fruit pour les gens du monde; essayons de démontrer les mêmes vérités d'une façon plus familiére.

Si l'on examine un peu la Nature des plaisirs; soit qu'on les observe dans la retraite, dans l'étude, & dans la contemplation; soit qu'on les considere dans les réjouissances publiques, dans les parties amusantes, & d'autres divertisſemens ſemblables, on conviendra qu'ils ſuppoſent eſſentiellement un tempérament libre d'inquiétude, d'aigreur & de dégoût ; & un eſprit tranquille, ſatisfait de lui-même, & capable d'enviſager ſa condition propre ſans chagrin. Mais cette diſpoſition de tempérament & d'eſprit, ſi néceſſaire à la jouiſſance des plaiſirs eſt une ſuite de l'œconomie des affections.

Quant au tempérament, nous ſçavons par expérience qu'il n'y a point de fortune ſi brillante, de proſpérité ſi ſuivie, d'état ſi parfait que l'inclination & les déſirs ne puiſſent corrompre & dont l'humeur & les caprices n'épuiſſaſſent bientôt les reſſources & ne reſſentiſſent l'inſuffiſance. Les appétits déſordonnés ſément la vie d'épines. Les paſſions effrénées ſont troublées dans leur cours par une infinité d'obſtacles, quelquefois impoſſibles, mais toujours pénibles à ſurmonter. Les chagrins naiſſent ſous les pas de qui vit au hazard ; il en trouve, au-dedans, au-dehors, par-tout. Le cœur de certaines Créatures reſſemble à ces enfans mauſſades & maladifs : ils demandent ſans ceſſe, & on a beau leur donner tout ce qu'ils demandent, ils ne finiſſent point de crier. C'eſt un fond inépuiſable de peines & de troubles, qu'un deſſein pris de ſatisfaire à toutes les fantaiſies qu'il produit. Mais ſans ces inconvéniens qui ne ſont pas généraux ; les laſſitudes, la méſaiſance, l'embarras des filtrations, l'engorgement des liqueurs, le dérangement des eſprits animaux & toutes ces incommodités accidentelles dont les corps les mieux conſtitués ne ſont pas exempts, ne ſuffiſent-elles pas pour engendrer la mauvaiſe humeur & le dégoût ? Et ces vices ne deviendront-ils pas habituels, si l'on n'écarte leur influence, ou si l'on n'arrête leur progrès dans le tempérament. Or l'exercice des affections sociales, est l'émétique du dégoût ; c'est le seul contre-poison de la mauvaise humeur. Car nous avons remarqué que, lorsque la Créature prend son parti & se résout à guérir de ces maladies de tempérament, elle a recours aux plaisirs de la Société ; elle se prête au commerce de ses semblables & ne trouve de soulagement à sa tristesse & à ses aigreurs, que dans les distractions & les amusemens de la compagnie.

Dans ces dispositions fâcheuses, dira-t'on peut-être, la Religion est d'un puissant secours. Sans doute ; mais quelle espece de Religion ? Si sa nature est consolante & bénigne ; si la dévotion qu'elle inspire est douce, tranquille & gaie ;

c'est une affection naturelle, qui ne peut être que salutaire : mais les Ministres en l'altérant, la rendent-ils sombre & farouche ; les craintes & l'effroi l'accompagnent-ils ; combat-elle la fermeté, le courage & la liberté de l'esprit, c'est entre leurs mains un dangereux topique, & l'on remarque à la longue que ce précieux reméde mal-à-propos administré est pire que le mal. La considération effrayante de l'étendue de nos devoirs, un examen austere des mortifications qui nous sont prescrites & la vûe des gouffres ouverts pour les infracteurs de la Loi ne sont pas toujours & en tout tems ni pour toutes sortes de personnes indistinctement des objets propres à calmer les agitations de l'esprit *. Le tempérament ne peut qu'em-

* Toute cette Doctrine répond exactement à la conduite de nos Directeurs éclairés qui

pirer, & ſes aigreurs fermenter & s'accroître par la noirceur de ces réflexions. Si par avis, par crainte ou par beſoin, la victime de ces idées mélancholiques cherche quelque diverſion à leur obſeſſion ; ſi elle affecte le repos & la joye : qu'importe au fond? Tant qu'elle ne ſe déſiſtera point de ſa pratique ; ſon cœur ſera toujours le même : elle n'aura que changé de grimace. Le Tigre eſt enchaîné pour un moment, ſes actions ne décelent pas actuellement ſa férocité; mais en eſt-il plus ſoûmis? Si vous briſez ſa chaîne en ſera-t'il moins cruel? Non, certes. Qu'a donc opéré la Religion ſi

ſçavent parfaitement, ſelon les tempéramens & les diſpoſitions diverſes des fidéles leur préſenter un Dieu vengeur ou miſéricordieux. Faut-il effrayer un Scélérat? ils ouvrent ſous ſes pieds les gouffres infernaux : Eſt-il queſtion de raſſurer une ame timorée? c'eſt un Dieu mourant pour ſon ſalut, qu'ils expoſent à ſes yeux. Une conduite oppoſée achemineroit l'une à l'impénitence, & l'autre à la folie.

mal-adroitement présentée ? La Créature a le même fond de tristesse : ses aigreurs n'en sont que plus abondantes & plus importunes, & ses plaisirs intellectuels que plus languissans & plus rares. Le Chien est donc revenu à son vomissement ; mais plus maladif & plus dépravé.

Si l'on objecte qu'à la vérité dans des conjonctures désespérantes, dans un délabrement d'affaires domestiques, dans un cours inaltérable d'adversités, les chagrins & la mauvaise humeur peuvent saisir & troubler le tempérament ; mais que ce désastre n'est pas à craindre dans l'aisance & la prospérité, & que les commodités journalieres de la vie & les faveurs habituelles de la fortune, sont une barriere assez puissante contre les attaques que le tempérament peut avoir à soutenir. Nous répondrons que plus la condition d'une Créature est gracieuse, tranquille & douce ; plus les moindres contre-tems, les accidens les plus légers, & les plus frivoles chagrins sont impatientans, désagréables & cuisans pour elle : que plus elle est indépendante & libre ; plus il est aisé de la mécontenter, de l'offenser & de l'irriter, & que par conséquent plus elle a besoin du secours des affections sociales pour se garantir de la férocité. C'est ce que l'exemple des tyrans dont le pouvoir fondé sur le crime ne se soutient que par la terreur, prouve suffisamment.

Quant à la tranquillité d'esprit. Voici comment on peut se convaincre qu'il n'y a que les affections sociales qui puissent procurer ce bonheur. On conviendra, sans doute, qu'une Créature telle que l'Homme, qui ne parvient que par un assez long exercice, à la maturité d'entendement & de raison, a appuyé ou appuye actuellement ſur ce qui ſe paſſe au-dedans d'elle-même, connoît ſon caractère, n'ignore point ſes ſentimens habituels, approuve ou déſapprouve ſa conduite, & a *jugé* ſes affections. On ſçait encore que, ſi par elle-même elle étoit incapable de cette recherche critique, on ne manque pas dans la Société de gens charitables, tout prêts à l'aider de leurs lumiéres; que les faiſeurs de remontrances & les donneurs d'avis ne ſont pas rares, & qu'on en trouve autant & plus qu'on n'en veut. D'ailleurs les Maîtres du Monde & les Mignons de la Fortune ne ſont pas exempts de cette inſpection domeſtique. Toutes les impoſtures de la flatterie ſe réduiſent la plûpart du tems à leur en familiariſer l'uſage, & ſes faux portraits à les rappeller à ce qu'ils ſont en effet. Ajoutez à cela que plus on a de vanité & moins on ſe perd de vûe;

l'amour-propre eſt grand contemplateur de lui-même : mais quand une indifférence parfaite ſur ce qu'on peut valoir, rendroit pareſſeux à s'examiner ; les feints égards pour autrui & les déſirs inquiets & jaloux de réputation expoſeroient encore aſſez ſouvent notre conduite & notre caractère à nos réflexions. D'une ou d'autre façon, toute Créature qui penſe, eſt néceſſitée par ſa nature à ſouffrir la vûe d'elle-même & à avoir à chaque inſtant ſous ſes yeux les images errantes de ſes actions, de ſa conduite & de ſon caractère : ces objets qui lui ſont individuellement attachés, qui la ſuivent par-tout, doivent paſſer & repaſſer ſans ceſſe dans ſon eſprit : or, ſi rien n'eſt plus importun, plus fatiguant & plus fâcheux que leur préſence à celui qui manque d'affections ſociales ; rien n'eſt plus ſatisfaiſant, plus agréable &

plus doux pour celui qui les a ſoigneuſement conſervées.

Deux choſes qui doivent horriblement tourmenter toute Créature raiſonnable ; c'eſt le ſentiment intérieur d'une action injuſte, ou d'une conduite odieuſe à ſes ſemblables ; ou le ſouvenir d'une action extravagante, ou d'une conduite préjudiciable à ſes intérêts & à ſon bonheur.

De ces tourmens, c'eſt le premier qu'on appelle proprement en Morale ou Théologie, Conſcience. Craindre un Dieu, ce n'eſt pas avoir pour cela de la Conſcience. Pour s'effrayer des malins eſprits, des ſortiléges, des enchantemens, des poſſeſſions, des conjurations & de tous les maux qu'une nature injuſte, méchante & diabolique peut infliger, ce n'eſt pas en être plus conſcientieux. Craindre un Dieu, ſans être ni ſe ſentir coupable de quelqu'action digne de blâme & de punition ; c'eſt l'accuſer d'injuſtice, de méchanceté, de caprice * & par conſéquent c'eſt

* Cette propoſition ne contredit point l'*omnis homo mendax* ; elle ne ſignifie autre choſe que s'il y avoit quelqu'homme aſſez juſte pour n'avoir aucun reproche à ſe faire, ſes frayeurs ſeroient injurieuſes à la Divinité. Quoi qu'il en ſoit, je demanderois volontiers, ſi les inégalités dans la dévotion peuvent s'accorder avec des notions conſtantes de la Divinité. Si votre Dieu ne change point, pourquoi n'êtes-vous pas ferme dans la même aſſiette d'eſprit? Je ne ſçais, dites-vous, s'il me pardonnera les fautes paſſées, & j'en fais tous les jours de nouvelles. Etes-vous encore méchant? j'approuve vos allarmes & je ſuis étonné qu'elles ne ſoient pas continuelles. Mais n'êtes-vous plus injuſte, menteur, fourbe, avare, médiſant, calomniateur? Qu'avez-vous donc à craindre? Si quelque ami comblé de vos bienfaits vous avoit offenſé ; la ſincérité de ſon retour vous laiſſeroit-elle des ſentimens de vengeance? Point du tout. Or, celui que vous adorez eſt-il moins bon que vous? votre Dieu eſt-il rancunier? Non... Mais je vois à votre peu de confiance que vous n'avez pas encore une juſte idée de ce qui eſt moralement excellent : vous ne connoiſſez pas ce qui convient ou ne convient pas à un Etre parfait. Vous lui prêtez des défauts dont l'honnête-homme tâche de ſe défaire & dont il ſe défait effectivement à

craindre un Diable & non pas un Dieu. La crainte de l'Enfer & toutes les terreurs de l'autre monde ne marquent de la Conscience, que quand elles sont occasionnées par un aveu intérieur des crimes que l'on a commis : mais si la Créature fait intérieurement cet aveu ; à l'instant la Conscience agit, elle indique le châtiment ; & la Créature s'en effraye, quoique la Conscience ne le lui rende pas évident.

La Conscience religieuse suppose donc la Conscience naturelle & morale. La crainte de Dieu accompagne toujours celle-là ; mais elle tire toute sa force de la connoissance du mal commis & de l'injure faite à l'Etre suprême, en présence duquel, sans égard pour la véné-

mesure qu'il devient meilleur ; & vous risquez de l'injurier dans l'instant même où vous avez dessein de lui rendre hommage.

ration que nous lui devons, nous avons osé le commettre. Car la honte d'avoir failli aux yeux d'un Etre si respectable, doit travailler en nous, même en faisant abstraction des notions particulieres de sa justice, de sa toute-puissance, & de la distribution future des récompenses & des châtimens.

Nous avons dit qu'aucune Créature ne fait le mal méchamment & de propos délibéré, sans s'avouer intérieurement digne de châtiment; & nous pouvons ajouter en ce sens que toute Créature sensible a de la Conscience. Ainsi le méchant doit attendre & craindre de tous, ce qu'il reconnoît avoir mérité de chacun en particulier. De la frayeur de Dieu & des hommes, naîtront donc les allarmes & les soupçons. Mais le terme de Conscience, emporte quelque chose de plus dans toute Créature raisonnable.

ſonnable. Il indique une connoiſſance de la laideur des actions puniſſables & une honte ſecrette de les avoir commiſes.

Il n'y a peut-être pas une Créature parfaitement inſenſible à la honte des crimes qu'elle a commis ; pas une qui ſe reconnoiſſe intérieurement digne de l'opprobre & de la haine de ſes ſemblables, ſans regret & ſans émotion * ; pas une qui parcoure ſa turpitude d'un œil indifférent. En tout cas, ſi ce Monſtre exiſte ; ſans paſſion pour le bien & ſans averſion pour le mal, il ſera d'un côté dénué de toute affection naturelle, & par conſéquent dans une indigence parfaite des plaiſirs intellectuels. De l'autre,

* Le crime . . . . eſt le premier Bourreau
Qui dans un ſein coupable enfonce le Couteau.

Racin. Poem. ſur la Relig.

il aura tous les penchans dénaturés dont une Créature peut être infectée. Manquer de Conſcience, ou n'avoir aucun ſentiment de la difformité du vice, c'eſt donc être ſouverainement miſérable. Mais avoir de la Conſcience & pécher contr'elle, c'eſt s'expoſer, même ici bas, comme nous l'avons démontré, aux regrets & à des peines continuelles.

Un homme qui dans un premier mouvement, a le malheur de tuer ſon ſemblable, revient ſubitement à la vûe de ce qu'il a fait ; ſa haine ſe change en pitié, & ſa fureur ſe tourne contre lui-même. Tel eſt le pouvoir de l'objet. Mais il n'eſt pas au bout de ſes peines : il ne retrouve pas ſa tranquillité en perdant de vûe le cadavre : il entre enſuite en agonie ; le ſang du mort coule derechef à ſes yeux. Il eſt tranſi d'horreur, & le ſouvenir cruel de ſon action, le pourſuit en tout lieu. Mais ſi l'on ſuppoſoit que cet Aſſaſſin a vû expirer ſon compagnon ſans frémir, & qu'aucun trouble, qu'aucun remord, qu'aucune émotion n'a ſuivi le coup; je dirois, ou qu'il ne reſte à ce Scélérat aucun ſentiment de la difformité du crime, qu'il eſt ſans affection naturelle; & par conſéquent ſans paix au-dedans de lui-même, & ſans félicité: ou que s'il a quelque notion de beauté morale, c'eſt un aſſemblage capricieux d'idées monſtrueuſes & contradictoires, un compoſé d'opinions fantaſques, une ombre défigurée de la Vertu; que ce ſont des préjugés extravagans qu'il prend pour le grand, l'héroïque & le beau des ſentimens: or que ne ſouffre point un homme dans cet état. Le phantôme qu'il idolâtre, n'a point de forme conſtante; c'eſt un prothée d'honneur qu'il ne ſçait par où saisir, & dont la poursuite le jette dans une infinité de perplexités, de travaux & de dangers. Nous avons démontré que la Vertu seule, digne en tout tems de notre estime & de notre approbation, peut nous procurer des satisfactions réelles. Nous avons fait voir que celui qui séduit par une Religion absurde, ou entraîné par la force d'un usage barbare, a prostitué son hommage à des Etres qui n'ont de la Vertu que le nom, doit, ou par l'inconstance d'une estime si mal placée, ou par les actions horribles qu'il sera forcé de commettre, perdre tout amour de la justice, & devenir parfaitement misérable; ou, si la Conscience n'est pas encore muette, passer des soupçons aux allarmes, marcher de trouble en trouble, & vivre en désespéré. Il est impossible qu'un Enthousiaste furieux, un Persécuteur plein de rage, un Meurtrier, un Duelliste, un Voleur, un Pirate ou tout autre ennemi des affections sociales & du genre-humain, suive quelques principes constans, quelques loix invariables dans la distribution qu'il fait de son estime & dans le jugement qu'il porte des actions. Ainsi plus il attise son zèle, plus il est entêté d'honneur; plus il dégrade sa nature; plus son caractère est dépravé. Plus il prend d'estime & s'extasie d'admiration pour quelque pratique vicieuse & détestable, mais qu'il imagine grande, vertueuse & belle; plus il s'engage en contradictions, & plus insupportable de jour en jour lui deviendra son état. Car il est certain qu'on ne peut affoiblir une inclination naturelle ou fortifier un penchant dénaturé, sans altérer l'œconomie générale des affections. Mais la dépravation du caractere étant toujours proportionnelle à la foiblesse des affections naturelles & à l'*intensité* des penchans dénaturés ; je conclus que, plus on aura de faux principes d'honneur & de Religion, plus on sera mécontent de soi-même & plus par conséquent on sera misérable.

Ainsi toutes notions marquées au coin de la superstition ; tout caractère opposé à la justice & tendant à l'inhumanité ; notions chéries, caractère affecté soit par une fausse Conscience, soit par un point d'honneur mal-entendu, ne feront qu'irriter cette autre Conscience honnête & vraye, qui ne nous passe rien, aussi prompte à nous punir de toute action mauvaise, par ses reproches, qu'à nous récompenser des actes vertueux, par son approbation & ses éloges. Si celui qui, sous quelque autorité que ce soit, commet un seul crime, étoit excusable de l'avoir commis, il pourroit se plonger en sûreté de Conscience, dans des abominations telles qu'il ne les imagine peut-être pas sans horreur, toutes les fois qu'il aura les mêmes garans de son obéissance. Voilà ce qu'un moment de réflexion ne manquera pas d'apprendre à quiconque entraîné par l'exemple de ses semblables, ou bien effrayé par des ordres supérieurs, sera tenté de prêter sa main à des actions que son cœur désapprouvera.

Quant au souvenir du tort fait aux vrais intérêts & au bonheur présent par une conduite extravagante & déraisonnable ; c'est la seconde branche de la Conscience. Le sentiment d'une difformité morale contractée par les crimes & par les injustices, n'affoiblit, ni ne suspend l'effet de cette importune réflexion ; car quand le méchant ne rougiroit pas en lui-même de sa dépravation, il n'en reconnoîtroit pas moins, que par elle il a mérité la haine de Dieu & des Hommes. Mais une Créature dépravée n'eût-elle pas le moindre soupçon de l'existence d'un Etre suprême, en considérant toutefois que l'insensibilité pour le Vice & pour la Vertu suppose un désordre complet dans les affections naturelles, désordre que la dissimulation la plus profonde ne peut dérober; on conçoit qu'avec ce malheureux caractère, elle n'aura pas grande part dans l'estime, l'amitié, & la confiance de ses semblables, & que par conséquent elle aura fait un préjudice considérable à ses intérêts temporels & à son bonheur actuel. Qu'on ne dise pas que la connoissance de ce préjudice lui échappera: elle verra tous les jours avec regret & jalousie les manières obligeantes, affectueuses, honorables, dont les honnêtes gens ſe comblent réciproquement. Mais puiſque par-tout où l'affection ſociale eſt éteinte, il y a néceſſairement dépravation ; le trouble & les aigreurs doivent accompagner cette conſcience intéreſſée ou le ſentiment intérieur du tort qu'une conduite folle & dépravée a porté aux vrais intérêts & à la félicité temporelle.

Par tout ce que nous avons dit, il eſt aiſé de comprendre combien le bonheur dépend de l'œconomie des affections naturelles. Car ſi la meilleure partie de la félicité conſiſte dans les plaiſirs intellectuels, & ſi les plaiſirs intellectuels découlent de l'intégrité des affections ſociales ; il eſt évident que quiconque jouit de cette intégrité, poſſede les ſources de la ſatisfaction intérieure ; ſatisfaction qui fait tout le bonheur de la vie.

Quant aux plaiſirs du corps & des ſens, c'eſt bien peu de choſe; c'eſt une foible ſatisfaction, ſi les affections ſociales ne la relévent & ne l'animent.

Bien vivre ne ſignifie chez certaines gens que bien boire & bien manger. Il me ſemble que c'eſt faire beaucoup d'honneur à ces Meſſieurs que de convenir avec eux que vivre ainſi, c'eſt ſe preſſer de vivre; comme ſi c'étoit ſe preſſer de vivre que de prendre des précautions exactes pour ne jouir preſque point de la vie. Car ſi notre calcul eſt juſte, cette ſorte de voluptueux gliſſe ſur les grands plaiſirs avec une rapidité qui leur permet à peine de les effleurer.

Mais quelque piquans que ſoient les plaiſirs de la table; quelqu'utile que le palais ſoit au bonheur, & quelque profonde que ſoit la ſcience des bons repas ; il eſt à préſumer que je ne ſçais quelle oſtentation d'élégance dans la façon d'être ſervi, & que la gloire d'exceller dans l'art de bien traiter ſon monde, font dans les gens de plaiſir la haute idée qu'ils ont de leurs voluptés : car l'ordonnance des ſervices, l'aſſortiment des mets, la richeſſe du buffet, & l'intelligence du Cuiſinier mis à part, le reſte ne vaut preſque pas la peine d'entrer en ligne de compte, de l'aveu même de ces Epicuriens.

La débauche qui n'eſt autre choſe qu'un goût trop vif pour les plaiſirs des ſens, emporte avec elle idée de ſociété. Celui qui s'enferme pour s'enyvrer, paſſera pour un ſot, mais non pour un débauché. On traitera ſes excès de crapule, mais non de libertinage. Les femmes débauchées ; je dis plus, les dernières des Proſtituées n'ignorent pas combien il importe à leur commerce de perſuader ceux à qui elles livrent ou vendent leurs charmes, que le plaiſir eſt réciproque & qu'elles n'en reçoivent pas moins qu'elles en donnent. Sans cette imagination qui ſoutient, le reſte ſeroit miſérable, même pour les plus groſſiers libertins.

Y a-t'il quelqu'un qui ſeul & ſéparé de tout commerce, puiſſe ſe procurer, concevoir même quelque ſatisfaction durable? quel eſt le plaiſir des ſens capable de tenir contre les ennuis de la ſolitude? quelqu'exquis qu'on le ſuppoſe, y a-t'il homme qui ne s'en dégoûte, s'il ne peut s'en rendre la poſſeſſion agréable en le communiquant à un autre? qu'on faſſe des ſyſtêmes tant qu'on voudra? qu'on affecte pour l'approbation de ſes ſemblables, tout le mépris imaginable ? que pour assujettir la nature à des principes d'intérêt injurieux & nuisibles à la Société, on se tourmente de toute sa force : ses vrais sentimens éclateront : à travers les chagrins, les troubles, & les dégouts, on dévoilera tôt ou tard les suites funestes de cette violence, le ridicule d'un pareil projet, & le châtiment qui convient à d'aussi monstrueux efforts.

Les plaisirs des sens, ainsi que les plaisirs de l'esprit, dépendent donc des affections sociales : où manquent ces inclinations, ils sont sans vigueur & sans force, & quelquefois même ils excitent l'impatience & le dégoût : ces sensations sources fécondes de douceurs & de joye, sans eux ne rendent qu'aigreurs & que mauvaise humeur, & n'apportent que satiété & qu'indifférence. L'inconstance des appétits & la bizarrerie des goûts si remarquables en tous ceux dont le sentiment n'assaisonne pas les plaisirs, en sont des preuves suffisantes. La communication soutient la gayeté : le partage anime l'amour. La passion la plus vive ne tarde pas à s'éteindre, si je ne sçais quoi de réciproque, de généreux & de tendre, ne l'entretient : sans cet assaisonnement la plus ravissante beauté seroit bien-tôt délaissée. Tout amour qui n'a de fondement que dans la jouissance de l'objet aimé, se tourne bientôt en aversion : l'effervescence des desirs commence, & la satiété que suivent les dégoûts, achéve de tourmenter ceux qui se livrent aux plaisirs avec emportement. Leurs plus grandes douceurs sont réservées pour ceux qui sçavent se modérer. Toutefois ils sont les premiers à convenir du vuide qu'ils y trouvent. Les hommes sobres goutent les plaisirs des ſens dans toute leur excellence, & ils ſont tous d'accord que, ſans une forte teinture d'affection ſociale, ils ne donnent aucune ſatisfaction réelle.

Mais avant que de finir cette Section, nous allons remettre pour la derniere fois le penchant ſocial dans la balance & peſer en gros les avantages de l'intégrité & les ſuites fâcheuſes du défaut de poids dans cette affection.

On eſt ſuffiſamment inſtruit des ſoins néceſſaires au bien-être de l'animal, pour ſçavoir que ſans l'action, ſans le mouvement & les exercices, le corps languit & ſuccombe ſous les humeurs qui l'oppreſſent, que les nourritures ne font alors qu'augmenter ſon infirmité; que les eſprits qui manquent d'occupation au-dehors, ſe jettent ſur les parties intérieures & les conſument; enfin que la Nature devient elle-même ſa propre proye & se dévore. La santé de l'ame demande les mêmes attentions : cette partie de nous-mêmes a des exercices qui lui sont propres & nécessaires : si vous l'en privez, elle s'appésantit & se détraque. Détournez les affections & les pensées de leurs objets naturels ; elles reviendront sur l'esprit & le rempliront de désordre & de trouble.

Dans les animaux & les autres Créatures à qui la Nature n'a pas accordé la faculté de penser dans ce degré de perfection que l'homme posséde ; telle a du moins été sa prévoyance que la quête journaliere de leur vie, leurs occupations domestiques & l'intérêt de leur espece consument tout leur tems, & qu'en satisfaisant à ces fonctions différentes, la passion les met toujours dans une agitation proportionnée à leur constitution. Qu'on tire ces Créatures de leur

leur état laborieux & naturel & qu'on les place dans une abondance qui satisfasse sans peine & avec profusion à tous leurs besoins ? Leur tempérament ne tardera pas à se ressentir de cette luxurieuse oisiveté, & leurs facultés à se dépraver dans cette commode inaction. Si on leur accorde la nourriture à meilleur marché que la Nature ne l'avoit entendu, elles racheteront bien ce petit avantage par la perte de leur sagacité naturelle, & de presque toutes les vertus de leur espece.

Il n'est pas nécessaire de démontrer cet effet par des exemples. Quiconque a la moindre teinture d'histoire naturelle ; quiconque n'a pas dédaigné tout-à-fait d'observer la conduite des animaux, & de s'instruire de leur façon de vivre & de conserver leur espéce, a dû remarquer, sans sortir du même systême, une grande différence entre l'adreſſe des animaux ſauvages & celle des animaux apprivoiſés. On peut dire que ceux-ci ne ſont que des bêtes en comparaiſon de ceux-là. Ils n'ont ni la même induſtrie, ni le même inſtinct. Ces qualités ſeront foibles en eux, tant qu'ils reſteront dans un eſclavage aiſé : mais leur rend-on la liberté ? rentrent-ils dans la néceſſité de pourvoir à leurs beſoins ? ils recouvrent toutes leurs affections naturelles, & avec elles, toute la ſagacité de leur eſpece. Ils reprennent dans la peine toutes les vertus qu'ils avoient oubliées dans l'aiſance : ils s'uniſſent entr'eux plus étroitement : ils montrent plus de tendreſſe pour leurs petits ; ils prévoyent les ſaiſons : ils mettent en uſage toutes les reſſources que la Nature leur ſuggere pour la conſervation de leur eſpece, contre l'incommodité des tems & les rufes de leurs ennemis. Enfin l'occupation & le travail les remettent dans leur bonté naturelle ; & la nonchalence & les autres vices, lés abandonnent avec l'abondance & l'oifiveté.

Entre les Hommes, l'indigence condamne les uns au travail ; tandis que d'autres dans une abondance complette s'engraiffent de la peine & de la fueur des premiers. Si ces opulens ne fupléent par quelque exercice convenable aux fatigues du corps dont ils font difpenfés par état ; fi loin de fe livrer à quelque fonction honnête par elle-même & profitable à la Société, telles que la littérature, les fciences, les arts, l'agriculture, l'œconomie domeftique, ou les affaires publiques, ils regardent avec mépris toute occupation en général ; s'ils trouvent qu'il eft beau de s'enfévelir dans une oisiveté profonde & de s'assoupir dans une molesse ennemie de toute affaire ; il n'est pas possible qu'à la faveur de cette nonchalence habituelle les passions n'exercent tous leurs caprices, & que dans ce sommeil des affections sociales, l'esprit qui conserve toute son activité ne produise mille monstres divers.

A quel excès la débauche n'est-elle pas portée dans ces villes qui sont depuis long-tems le siége de quelqu'Empire ? Ces endroits peuplés d'une infinité de riches fainéans & d'une multitude d'ignorans illustres, sont plongés dans le dernier débordement. Par-tout ailleurs où les hommes assujettis au travail dès la jeunesse, se font honneur d'exercer dans un âge plus avancé des fonctions utiles à la Société, il n'en est pas ainsi. Les désordres habitans des grandes Villes, des Cours, des Palais, de ces Communautés opulentes de Dervis oiſeux, & de toute Société dans laquelle la richeſſe a introduit la fainéantiſe, ſont preſque inconnus dans les Provinces éloignées, dans les petites Villes, dans les familles laborieuſes & chez l'eſpece de peuple qui vit de ſon induſtrie.

Mais ſi nous n'avons rien avancé juſqu'à-preſent ſur notre conſtitution intérieure qui ne ſoit dans la vérité ; ſi l'on convient que la Nature a des loix qu'elle obſerve avec autant d'exactitude dans l'ordonnance de nos affections, que dans la production de nos membres & de nos organes ; s'il eſt démontré que l'exercice eſt eſſentiel à la ſanté de l'ame, & que l'ame n'a point d'exercice plus ſalutaire que celui des affections ſociales ; on ne pourra nier que, ſi ces affections ſont pareſſeuſes ou léthargiques, la conſtitution intérieure ne doive ſouffrir & ſe déranger. On aura beau faire un art de l'indolence, de l'inſenſibilité & de l'indifférence, s'envelopper dans une oiſiveté ſyſtématique & raiſonnée ; les paſſions n'en auront que plus de facilité pour forcer leur priſon, ſe mettre en pleine liberté, & ſémer dans l'eſprit le déſordre, le trouble & les inquiétudes. Privées de tout emploi naturel & honnête, elles ſe répandront en actions capricieuſes, folles, monſtrueuſes & dénaturées. La balance qui les tempéroit ſera bientôt détruite & l'architecture intérieure s'écroulera de fond en comble.

Ce ſeroit avoir des idées bien imparfaites de la méthode que la Nature obſerve dans l'organiſation des animaux, que d'imaginer qu'un auſſi grand appui, qu'une colonne auſſi conſidérable dans l'édifice intérieur, que l'est l'œconomie des affections, peut être abattue ou ébranlée sans entraîner l'édifice avec elle ou le menacer d'une ruine totale.

Ceux qui seront initiés dans cette architecture morale, y remarqueront un ordre, des parties, des liaisons, des proportions & un édifice, tel qu'une passion seule trop étendue ou trop poussée affoiblit ou surcharge le reste & tend à la ruine du Tout. C'est ce qui arrive dans le cas de la phrénésie & de l'aliénation. L'esprit trop violemment affecté d'un objet triste ou gai, succombe sous son effort, & sa chûte ne prouve que trop bien la nécessité du contrepoids & de la balance dans les affections. Ils distingueront dans les Créatures différens ordres de passions, plusieurs especes d'inclinations, & des penchans variés ſelon la différence des ſexes, des organes & des fonctions de chacune. Ils s'appercevront que, dans chaque ſyſtême, l'énergie & la diverſité des cauſes répondent toujours exactement à la grandeur & à la diverſité des effets à produire, & que la conſtitution & les forces extérieures déterminent abſolument l'œconomie intérieure des affections. De ſorte que par-tout, où l'excès ou la foibleſſe des affections; l'indolence ou l'impétuoſité des penchans; l'abſence des ſentimens naturels ou la préſence de quelques paſſions étrangéres, caractériſeront deux eſpeces raſſemblées & confondues dans le même individu, il doit y avoir imperfection & déſordre.

Rien de plus propre à confirmer notre ſyſtême que la comparaiſon des Etres parfaits, avec ces Créatures originellement imparfaites, eſtropiées entre les mains de la Nature & défigurées par quelqu'accident qu'elles ont essuyé dans la matrice qui les à produites. Nous appellons production monstrueuse, le mélange de deux especes, un composé de deux sexes. Pourquoi donc, celui dont la constitution intérieure est défigurée & dont les affections sont étrangéres à sa nature, ne seroit-il pas un monstre ? Un animal ordinaire nous paroît monstrueux & dénaturé, quand il a perdu son instinct, quand il fuit ses semblables, lorsqu'il néglige ses petits & pervertit la destination des talens ou des organes qu'il a reçûs. De quel œil devons-nous donc regarder, de quel nom appeller un homme qui manque des affections convenables à l'espece humaine, & qui décele un génie & un caractère contraire à la nature de l'homme ?

Mais quel malheur n'est-ce pas pour

une Créature destinée à la Société, plus particuliérement qu'aucune autre, d'être dénuée de ces penchans qui la porteroient au bien & à l'intérêt général de son espece ? car il faut convenir qu'il n'y en a point de plus ennemie de la solitude que l'homme dans son état naturel. Il est entraîné malgré qu'il en ait à rechercher la connoissance, la familiarité & l'estime de ses semblables ; telle est en lui la force de l'affection sociale, qu'il n'y a ni résolution, ni combat, ni violence, ni précepte qui le retiennent ; il faut ou céder à l'énergie de cette passion, ou tomber dans un abattement affreux & dans une mélancolie qui peut être mortelle.

L'Homme insociable, ou celui qui s'exile volontairement * du Monde &

* Il n'est point ici question de ces pieux Solitaires que l'esprit de pénitence, la crainte

qui rompant tout commerce avec la Société en abjure entiérement les devoirs, doit être ſombre, triſte, chagrin & mal conſtitué.

L'Homme ſéqueſtré, ou celui qui eſt ſéparé des hommes & de la Société, par accident ou par force, doit éprouver dans ſon tempérament, de funeſtes effets de cette ſéparation. La triſteſſe & la mauvaiſe humeur s'engendrent partout où l'affection ſociale eſt éteinte ou réprimée : mais a-t'elle occaſion d'agir en pleine liberté & de ſe manifeſter dans toute ſon énergie, elle tranſporte la Créature. Celui dont on a briſé les liens, qui renaît à la lumiere au ſortir

des dangers du monde, ou quelqu'autre motif autoriſé par les conſeils de Jeſus-Chriſt & par les vûes ſages de ſon Egliſe, ont confiné dans des deſerts. On conſidere dans tout le cours de cet ouvrage (comme on l'a déja dit mille fois, quoiqu'il fût toujours aiſé de s'en appercevoir) l'homme dans ſon état naturel & non ſous la Loi de grace.

d'un cachot où il a été long-tems détenu, n'eſt pas plus heureux dans les premiers momens de ſa liberté. Il y a peu de perſonnes qui n'ayent éprouvé la joye dont on eſt pénétré, lorſqu'après une longue retraite, une abſence conſidérable, on ouvre ſon eſprit, on décharge ſon cœur, on épanche ſon ame dans le ſein d'un ami.

Cette paſſion ſe manifeſte encore bien clairement dans les perſonnes qui rempliſſent des poſtes éminens ; dans les Princes, dans les Monarques & dans tous ceux que leur condition met au-deſſus du commerce ordinaire des hommes, & qui pour ſe conſerver leurs reſpects, trouvent à propos de leur dérober leur perſonne & de laiſſer entre les hommages & leur trône, une vaſte diſtance. Ils ne * ſont pas toujours les

* Les Potentats Orientaux renfermés dans l'intérieur de leur Sérail, ſe montrent rarement

mêmes : cette affectation se dément dans le domestique. Ces ténébreux Monarques de l'Orient, ces fiers Sultans, se rapprochent de ceux qui les environnent, se livrent & se communiquent : on remarque, à la vérité, qu'ils ne s'adressent pas ordinairement aux plus honnêtes-gens ; mais qu'importe à la certitude de nos propositions ? Il suffit que soûmis à la commune loi, ils ayent besoin de confidents & d'amis. Que des gens

à leurs Sujets & jamais qu'avec une suite & un appareil propres à imprimer la terreur. Plongés dans les voluptés, à qui livrent-ils leur confiance ? à un Eunuque ministre de leurs plaisirs, à un flatteur, à un vil Officier que la bassesse de sa naissance ou de son emploi dispense d'avoir des sentimens. Il n'est pas rare de voir un Valet du Sérail passer de dignités en dignités jusqu'à celle de Visir, devenir le fléau des Peuples, & finir par une mort tragique dans ces révoltes ordinaires à Constantinople où le Ministre est aussi lâchement abandonné par son Maître & sacrifié à la fureur des rebelles, qu'il en fut aveuglément élevé à une place où l'on ne devroit jamais faire asseoir que le Mérite & la Vertu.

ſans aucun mérite, que des eſclaves, que des hommes tronqués, que les mortels quelquefois les plus vils & les plus mépriſables, rempliſſent ces places d'honneur & ſoient érigés en favoris ? l'énergie de l'affection ſociale n'en ſera que plus marquée. C'eſt pour des monſtres que ces Princes ſont hommes : ils s'inquiettent pour eux ; c'eſt avec eux qu'ils ſe déployent ; qu'ils ſont ouverts, libres, ſincéres & généreux : c'eſt en leurs mains qu'ils ſe plaiſent quelquefois à dépoſer leur Sceptre. Plaiſir franc & déſintéreſſé, & même en bonne politique, la plûpart du tems oppoſé à leurs vrais intérêts ; mais toujours au bonheur de leurs Sujets. C'eſt dans ces contrées où l'amour des Peuples ne diſpoſe point du Monarque, mais la foibleſſe pour quelque vile Créature ; c'eſt dans ces contrées, dis-je, qu'on voit l'étendart de la tyrannie arboré dans toutes ses couleurs : le Prince devient sombre, méfiant & cruel ; ses Sujets ressentent l'effet de ces passions, horribles mais nécessaires supports d'une Couronne environnée de nuages épais & couverte d'une obscurité qui la dérobe éternellement aux yeux, à l'accès & à la tendresse. Il est inutile d'appuyer cette réflexion du témoignage de l'Histoire.

D'où l'on voit quelle est la force de l'affection sociale ; à quelle profondeur elle est enracinée dans notre nature ; par combien de branches elle est entrelassée avec les autres passions, & jusqu'à quel point elle est nécessaire à l'œconomie des penchans & à notre félicité.

Il est donc vrai que le grand & principal moyen d'être bien avec soi ; c'est d'avoir les affections sociales, & que manquer de ces penchans, c'est être misérable ; ce que j'avois à démontrer.

SECTION SECONDE.

Nous avons maintenant à prouver que la violence des affections privées rend la Créature malheureuse.

Pour procéder avec quelque méthode, nous remarquerons d'abord que toutes les passions relatives à l'intérêt particulier & à l'œconomie privée de la Créature, se réduisent à celles-ci. L'amour de la vie. Le ressentiment des injures. L'amour des femmes & des autres plaisirs des sens. Le désir des commodités de la vie. L'émulation ou l'amour de la gloire & des applaudissemens. L'indolence ou l'amour des aises & du repos. C'est dans ces penchans relatifs au systême individuel que consistent l'intérêt & l'amour-propre.

Ces affections modérées & retenues dans de certaines bornes, ne sont par elles-

elles-mêmes ni injurieuſes à la Société, ni contraires à la Vertu morale. C'eſt leur excès qui les rend vicieuſes. Eſtimer la vie plus qu'elle ne vaut; c'eſt être lâche. Reſſentir trop vivement une injure; c'eſt être vindicatif. Aimer le ſexe & les autres plaiſirs des ſens, avec excès; c'eſt être luxurieux. Pourſuivre avec avidité les richeſſes; c'eſt être avare. S'immoler aveuglément à l'honneur & aux applaudiſſemens; c'eſt être ambitieux & vain. Languir dans l'aiſance, & s'abandonner ſans réſerve au repos; c'eſt être pareſſeux. Voilà le point ou les paſſions privées deviennent nuiſibles au bien général; & c'eſt auſſi dans ce dégré d'*intenſité* qu'elles ſont pernicieuſes à la Créature elle-même. Comme on va voir en les parcourant chacune en particulier.

Si quelqu'affection privée pouvoit balancer les penchans généraux, ſans préjudicier au bonheur particulier de la Créature ; ce ſeroit ſans contredit, l'amour de la vie. Qui croiroit cependant qu'il n'y en a aucune dont l'excès produiſe de ſi grands déſordres & ſoit plus fatal à la félicité ?

Que la vie ſoit quelquefois un malheur ; c'eſt un fait généralement avoué. Quand une Créature en eſt réduite à déſirer ſincérement la mort ; c'eſt la traiter avec rigueur que de lui commander de vivre *. Dans ces conjonctures, quoique la Religion & la raiſon retiennent le bras & ne permettent pas de finir ſes maux en terminant ſes jours,

* Sans compter toutes ces cataſtrophes déſeſpérantes qui rendent la vie inſupportable ; l'amour de Dieu produit le même effet : *Cupio diſſolvi, & eſſe cum Chriſto,* diſoit S. Paul. Mais ſi Judas l'Apôtre, après avoir trahi ſon Maître, ſe fût contenté de déſirer la mort, il auroit prononcé ſur lui-même le jugement que Jeſus-Chriſt en avoit déja porté.

s'il se présente quelqu'honnête & plausible occasion de périr, on peut l'embrasser sans scrupule. C'est dans ces circonstances que les parens & les amis se réjouissent avec raison de la mort d'une personne qui leur étoit chere ; quoiqu'elle ait eû peut-être la foiblesse de se refuser au danger & de prolonger son malheur autant qu'il étoit en elle.

Puisque la nécessité de vivre est quelquefois un malheur ; puisque les infirmités de la vieillesse, rendent communément la vie importune ; puisqu'à tout âge, c'est un bien que la Créature est sujette à surfaire & à conserver à plus haut prix qu'il ne vaut ; il est évident que l'amour de la vie ou l'horreur de la mort peut l'écarter de ses vrais intérêts, & la contraindre par son excès à devenir la plus cruelle ennemie d'elle-même.

Mais quand on conviendroit qu'il est

de l'intérêt de la Créature de conserver sa vie, dans quelque conjoncture & à quelque prix que ce puisse être ; on pourroit encore nier qu'il fût de son bonheur d'avoir cette passion dans un degré violent. L'excès est capable de l'écarter de son but & de la rendre inefficace : cela n'a presque pas besoin de preuve. Car quoi de plus commun que d'être conduit par la frayeur dans le péril que l'on fuyoit ? que peut faire pour sa défense & pour son salut, celui qui a perdu la tête? Or il est certain que l'excès de la crainte ôte la présence d'esprit. Dans les grandes & périlleuses occasions, c'est le courage, c'est la fermeté qui sauve. Le brave échappe à un danger qu'il voit : mais le lâche sans jugement & sans défense se hâte vers le précipice que son trouble lui dérobe & se jette tête baissée dans un malheur qui peut-être ne venoit point à lui.

Quand les suites de cette passion ne seroient pas aussi fâcheuses que nous les avons représentées ; il faudroit toujours convenir qu'elle est pernicieuse en elle-même, si c'est un malheur que d'être lâche, & si rien n'est plus triste que d'être agité par ces spectres & ces horreurs qui suivent par-tout ceux qui redoutent la mort. Car ce n'est pas seulement dans les périls & les hazards que cette crainte importune : lorsque le tempérament en est dominé, elle ne fait point de quartier : on frémit dans la retraite la plus assurée ; dans le réduit le plus tranquille on s'éveille en sursaut. Tout sert à ses fins ; aux yeux qu'elle fascine, tout objet est un monstre : elle agit dans le moment où les autres s'en apperçoivent le moins : elle se fait sentir dans les occasions les plus imprévûes : il n'y a point de divertissements si bien préparés, de parties si délicieuses, de quarts-d'heure si voluptueux qu'elle ne puisse déranger, troubler, empoisonner. On pourroit avancer qu'en estimant le bonheur, non par la possession de tous les avantages auxquels il est attaché; mais par la satisfaction intérieure que l'on ressent, rien n'est plus malheureux qu'une Créature lâche & peureuse. Mais si l'on ajoute à tous ces inconvéniens, les foiblesses occasionnées & les bassesses exigées par un amour excessif de la vie; si l'on met en compte toutes ces actions sur lesquelles on ne revient jamais qu'avec chagrin, quand on les a commises, & qu'on ne manque jamais de commettre, quand on est lâche; si l'on considere la triste nécessité de sortir perpétuellement de son assiette naturelle & de passer de perplexité en perplexité, il n'y aura point de Créature aſſez vile pour trouver quelque ſatisfaction à vivre à ce prix. Et quelle ſatisfaction pourroit-elle y trouver ? Après avoir ſacrifié la Vertu, l'honneur, la tranquillité & tout ce qui fait le bonheur de la vie.

Un amour exceſſif de la vie eſt donc contraire aux intérêts réels & au bonheur de la Créature.

Le reſſentiment eſt une paſſion fort différente de la crainte ; mais qui dans un degré modéré n'eſt ni moins néceſſaire à notre ſûreté, ni moins utile à notre conſervation. La crainte nous porte à fuir le danger : le reſſentiment nous raſſure contre lui & nous diſpoſe à repouſſer l'injure qu'on nous fait ou à réſiſter à la violence qu'on nous prépare. Il eſt vrai que dans un caractere vertueux, que dans une parfaite œconomie des affections, les mouvemens de la crainte & du reſſentiment ſont trop foibles pour former des paſſions. Le brave eſt circonſpect ſans avoir peur, & le ſage réſiſte ou punit ſans s'irriter. Mais dans les tempéramens ordinaires, la prudence & le courage peuvent s'allier avec une teinture legére d'indignation & de crainte, ſans rompre la balance des affections. C'eſt en ce ſens qu'on peut regarder la colere comme une paſſion nécèſſaire. C'eſt elle qui, par les ſymptômes extérieurs dont ſes premiers accès ſont accompagnés, fait préſumer à quiconque eſt tenté d'en offenſer un autre, que ſa conduite ne ſera pas impunie, & le détourne par la crainte qu'elle imprime, de ſes mauvais deſſeins. C'eſt elle qui ſouleve la Créature outragée & lui conſeille les repréſailles. Plus elle eſt voiſine de la rage & du déſeſpoir, plus elle eſt terrible. Dans ces extrémités, elle donne des forces & une intrépidité dont on ne ſe croyoit pas capable. Quoique le châtiment & le mal d'autrui ſoient ſa fin principale, elle tend auſſi à l'intétêt particulier de la Créature, & même au bien général de ſon eſpece. Mais ſeroit-il néceſſaire d'expoſer combien eſt funeſte à ſon bonheur, ce qu'on entend communément par colére, ſoit qu'on la conſidére comme un mouvement furieux qui tranſporte la Créature, ou comme une impreſſion profonde qui ſuit l'offenſe & que le déſir de la vengeance accompagne toujours.

On ne ſera point ſurpris des ſuites affreuſes du reſſentiment & des effets terribles de la colére, ſi l'on conçoit qu'en ſatisfaiſant ces paſſions cruelles, on ſe délivre d'un tourment violent, on ſe décharge d'un poids accablant & l'on appaiſe un ſentiment importun de miſére. Le vindicatif ſe hâte de noyer toutes ſes peines dans le mal d'autrui : l'accompliſſement de ſes déſirs lui promet un torrent de voluptés. Mais qu'eſt-ce que cette volupté ? C'eſt le premier quart-d'heure d'un Criminel qui ſort de la queſtion : c'eſt la ſuſpenſion ſubite de ſes tourmens, ou le répit qu'il obtient de l'indulgence de ſes Juges ou plutôt de la laſſitude de ſes Bourreaux. Cette perverſité, ce rafinement d'inhumanité, ces cruautés capricieuſes qu'on remarque dans certaines vengeances, ne ſont autre choſe que les efforts continuels d'un malheureux qui tente de ſe détacher de la roue : c'eſt un aſſouviſſement de rage perpétuellement renouvellé.

Il y a des Créatures en qui cette paſſion s'allume avec peine & s'éteint plus difficilement encore, quand elle eſt une fois allumée. Dans ces Créatures, l'eſprit de vengeance eſt une furie qui dort; mais qui, quand elle eſt éveillée, ne ſe repoſe point qu'elle ne ſoit ſatisfaite : alors, ſon ſommeil eſt d'autant plus profond, ſon repos paroît d'autant plus doux que le tourment dont elle s'eſt délivrée, étoit grand & que le poids dont elle s'eſt déchargée, étoit lourd. Si en langage de galanterie, la jouiſſance de l'objet aimé s'appelle avec raiſon, la fin des peines de l'amant; cette façon de parler convient tout autrement encore au vindicatif. Les peines de l'amour ſont agréables & flatteuſes; mais celles de la vengeance ne ſont que cruelles. Cet état ne ſe conçoit que comme une profonde miſére; une ſenſation amére dont le fiel n'eſt tempéré d'aucune douceur.

Quant aux influences de cette paſſion ſur l'eſprit & ſur le corps, & à ſes funeſtes ſuites dans les différentes conjonctures de la vie, c'eſt un détail qui nous méneroit trop loin. D'ailleurs nos Miniſtres ſe ſont emparés de ces moralités analogues à la Religion, & nos ſacrés Rhéteurs en font retentir depuis ſi long-tems leurs Chaires & nos Temples, que pour ne rien ajouter à la ſatiété du genre-humain *, en anticipant ſur leurs droits, nous n'en dirons pas davantage. Auſſi-bien, ce qui précede ſuffit pour démontrer qu'on ſe rend malheureux en ſe livrant à la colére, & que l'habitude de ce mouvement eſt une de ces maladies de tempérament,

* Ce trait tombe ſur l'Egliſe Anglicane qui peut ſe flatter d'être féconde en mauvais Prédicateurs. Les Flechiers, les Boſſuets, les Bourdaloües, & une infinité d'autres écarteront à jamais ce reproche de l'Egliſe Gallicane.

inséparables du malheur de la Créature.

Passons à la volupté & à ce qu'on appelle les plaisirs. S'il étoit aussi vrai, que nous avons démontré qu'il est faux, que la meilleure partie des joyes de la vie consiste dans la satisfaction des sens; si de plus cette satisfaction est attachée à des objets extérieurs capables de procurer par eux-mêmes, & en tout tems des plaisirs proportionnés à leur quantité & à leur valeur; un moyen infaillible d'être heureux, ce seroit de se pourvoir abondamment de ces choses précieuses qui font nécessairement la félicité. Mais qu'on étende tant qu'on voudra l'idée d'une vie délicieuse; toutes les ressources de l'opulence ne fourniront jamais à notre esprit un bonheur uniforme & constant. Quelque facilité qu'on ait de multiplier les agrémens, en acquérant tout ce que peut exiger le caprice des ſens : c'eſt autant de bien perdu, ſi quelque vice dans les facultés intérieures, ſi quelque défaut dans les diſpoſitions naturelles en altére la jouiſſance.

On remarque que ceux dont l'intempérance & les excès ont ruiné l'eſtomac, n'en ont pas moins d'appétit; mais c'eſt un appétit faux & qui n'eſt point naturel. Telle eſt la ſoif d'un yvrogne ou d'un fiévreux. Cependant la ſatisfaction de l'appétit naturel; en un mot le ſoulagement de la ſoif & de la faim, c'eſt infiniment ſupérieur à la ſenſualité des repas ſuperflus de nos Petrones les plus érudits & de nos plus rafinés voluptueux. C'eſt une différence qu'ils ont eux-mêmes quelquefois éprouvée : que ce Peuple Epicurien accoutumé à prévenir l'appétit, ſe trouve forcé par quelque circonſtance particuliére, de l'attendre & de pratiquer la ſobriété : qu'il arrive à ces délicats de ne trouver dans un ſouper de voyageur ou dans un déjeuner de chaſſe que quelques mets communs & groſſiers pour ces palais friands, mais aſſaiſonnés par la diette & par l'exercice ; après avoir mangé d'appétit, ils conviendront avec franchiſe que la table la mieux ſervie ne leur a jamais fait tant de plaiſir.

D'un autre côté, il n'eſt pas extraordinaire d'entendre des perſonnes qui ont eſſayé d'une vie laborieuſe & pénible, & d'une table ſimple & frugale, regretter dans l'oiſiveté des richeſſes & au milieu des profuſions de la ſomptuoſité, l'appétit & la ſanté dont ils jouiſſoient dans leur premiere condition. Il eſt conſtant qu'en violentant la nature, en forçant l'appétit & en provoquant les ſens, la délicateſſe des organes ſe perd.

Ce défaut corrompt ensuite les mets les plus exquis, & l'habitude achéve bientôt d'ôter aux choses toute leur excellence. Qu'arrive-t'il de-là ? que la privation en devient plus cuisante & la possession moins douce. Les nausées, de toutes les sensations les plus disgracieuses, ne quittent point les intempérans : une réplétion apoplectique & des sensations usées répandent les aigreurs & le dégoût sur tout ce qu'on leur présente. De sorte qu'au lieu de l'éternité de délices qu'ils attendoient de leurs somptuosités, ils n'en recueillent qu'infirmités, maladies, insensibilité d'organes & inaptitude aux plaisirs. Tant il est faux que vivre en Epicurien, ce soit user du tems & tirer bon parti de la vie.

Il est inutile de s'étendre sur les suites fâcheuses de la somptuosité : on peut concevoir

concevoir par ce que nous en avons dit, qu'elle eſt pernicieuſe au corps qu'elle accable d'infirmités, & fatale à l'eſprit qu'elle conduit à la ſtupidité.

Quant à l'intérêt particulier de la Créature ; il eſt évident que ce cours effréné de deſirs augmentera ſa dépendance, en multipliant ſes beſoins : qu'elle ne tardera pas à trouver ſes fonds, quelque conſidérables qu'ils ſoient, inſuffiſans pour les dépenſes qu'ils exigeront : que, pour ſatisfaire à cette impérieuſe ſomptuoſité, il en faudra venir aux expédients, ſacrifier peut-être ſon honneur à l'accroiſſement de ſes revenus, & s'abaiſſer à mille infâmes manœuvres pour augmenter ſa fortune. Mais à quoi bon m'occuper à démontrer le tort que le voluptueux ſe fait à lui-même ? laiſſons-le s'expliquer là-dessus *. Dans l'impossibilité de résister au torrent qui l'entraîne, il déclarera en s'y abandonnant, qu'il s'apperçoit bien qu'il court à une ruine certaine. On a tous les jours l'occasion d'entendre ces discours. J'en ai donc assez dit pour conclure que la volupté, la débauche & tout excès sont contraires aux vrais intérêts & au bonheur présent de la Créature.

Il y a une espece de luxure d'un ordre fort supérieur à celle dont nous avons parlé. La conservation de l'espece est son but. Dans la rigueur, on ne peut la traiter de passion privée. Animée par l'amour & par la tendresse, ainsi que toute autre affection sociale; aux plaisirs d'esprit qu'elle est en état de procurer comme elles, elle réunit

* *Nam veræ voces tùm demùm pectore ab imo Eliciuntur.* Lucr.

encore l'enchantement des ſens. Telle eſt l'attention de la Nature à l'entretien de chaque ſyſtême, que par une eſpece de beſoin animal, & par je ne ſçais quel ſentiment intérieur d'indigence, qu'elle a placé dans les Créatures qui les compoſent, elle convie les ſexes à s'approcher & à s'occuper enſemble de la perpétuité de leur eſpece. Mais eſt-il de l'intérêt de la Créature d'éprouver cette indigence dans un degré violent? C'eſt le point que nous avons à diſcuter.

Nous en avons aſſez dit, & ſur les appétits naturels & ſur les penchans dénaturés, pour gliſſer ici ſans ſcrupule ſur cet article. Si l'on convient qu'il y a dans la pourſuite de tout autre plaiſir, une doſe d'ardeur qu'on ne peut excéder, ſans en altérer la jouiſſance & ſans préjudicier ainſi à ſes vrais intérêts; par quelle ſingularité, celui-ci ſortiroit-il de la loi générale & ne reconnoîtroit-il point de limites ? Nous connoiſſons d'autres ſenſations ardentes, & qui éprouvées dans un certain degré ſont toujours voluptueuſes, mais dont l'excès eſt une peine inſupportable. Tel eſt le ris que le chatouillement excite : ce mouvement, *avec l'air de famille* & tous les traits du plaiſir, n'en eſt pas moins un tourment. C'eſt la même choſe dans l'eſpece de luxure dont nous parlons. Il y a des tempéramens pétris de ſalpêtre & de ſoufre, dans une fermentation continuelle & d'une chaleur qui produit dans le corps des mouvemens dont la fréquence & la durée conſtituent une maladie qui a ſon rang & ſon nom dans la Médecine. Quand quelques groſſiers voluptueux ſe féliciteroient de cet état & s'y complairoient ; je doute que les délicats, que ceux qui font du plaiſir & leur ſouverain bien & leur étude principale, s'accordassent avec eux sur ce point.

Mais s'il y a dans toute sensation voluptueuse un point où le plaisir finit & la fureur commence : si la passion a des limites qu'elle ne peut franchir sans nuire aux intérêts de la Créature ; qui déterminera ces limites ? qui fixera ce point ? « La Nature, seule arbitre des choses ». Mais où prendre la Nature ?.. « Où ? dans » l'état originel des Créatures ; dans l'hom- » me dont une éducation vicieuse n'aura » point encore altéré les affections ».

Celui qui a eu le bonheur d'être plié dès sa jeunesse à un genre de vie naturel, d'être instruit à la sobriété, pourvû d'un talent honnête & garanti des excès & de la débauche, exerce sur ses appétits un pouvoir absolu. Mais ces esclaves, pour être soûmis, n'en sont pas moins propres à ses plaisirs.

Au contraire, ſains, vigoureux & pleins d'une force & d'une activité que l'intempérance & l'abus ne leur ont point ôtées, ils n'en rempliſſent que mieux leurs fonctions. Et ſi en ne ſuppoſant en deux Créatures d'autre différence dans les organes & les ſenſations, que celle qu'un régime de vie intempérant ou frugal peut y avoir produite ; il étoit poſſible de comparer par expérience la ſomme des plaiſirs de part & d'autre ; je ne doute point que, ſans égard pour les ſuites, en ne mettant en compte que la ſatisfaction ſeule des ſens, on ne prononçât en faveur de l'homme ſobre & vertueux.

Sans s'arrêter aux coups que cette phrénéſie porte à la vigueur des membres & à la ſanté du corps ; le tort qu'elle fait à l'eſprit eſt plus grand encore, quoique moins redouté. Une indifférence pour tout avancement, une consommation misérable du tems, l'indolence, la molesse, la fainéantise, & la révolte d'une multitude d'autres passions que l'esprit énervé, stupide, abruti, n'a ni la force, ni le courage de maîtriser. Voilà les effets palpables de cet excès.

Les désavantages que cette sorte d'intempérance fait supporter à la société, & les avantages qui reviennent au monde de la sobriété contraire, ne sont pas moins évidens. De toutes les passions, aucune n'exerce un plus sévere despotisme sur ses esclaves. Les tributs n'adoucissent point son empire : plus on lui accorde, plus elle exige. La modestie & l'ingénuité naturelles, l'honneur & la fidélité sont ses premiéres victimes. Il n'y a point d'affections déréglées dont les caprices impétueux soulevent tant d'orages & pouſſent la Créature plus directement au malheur.

Quant à cette paſſion qui mérite particuliérement le titre d'intéreſſée ; puiſqu'elle a pour but la poſſeſſion des richeſſes, les faveurs de la fortune & ce qu'on appelle un Etat dans le monde. Pour être avantageuſe à la ſociété & compatible avec la Vertu, elle ne doit exciter aucun deſir inquiet. L'induſtrie qui fait l'opulence des Familles & la puiſſance des Etats, eſt fille de l'intérêt. Mais ſi l'intérêt domine dans la Créature, ſon bonheur particulier & le bien public en ſouffriront. La miſere qui la rongera, vengera continuellement l'injure faite à la ſociété : car plus cruel encore à lui-même qu'au genre-humain, l'avare eſt la propre victime de ſon avarice.

Tout le monde convient que l'avarice

& l'avidité sont deux fléaux de la Créature. On sçait d'ailleurs que peu de choses suffisent à l'usage & à la subsistance, & que le nombre des besoins seroit court, si l'on permettoit à la frugalité de les réduire, & si l'on s'exerçoit à la tempérance, à la sobriété & à un train de vie naturel, avec la moitié de l'application, des soins & de l'industrie qu'on donne à la luxure & à la somptuosité. Mais si la tempérance est avantageuse; si la modération conspire au bonheur; si les fruits en sont doux, comme nous l'avons démontré plus haut; quelle misere n'entraîneront point à leur suite les passions contraires? quel tourment n'éprouvera point une Créature rongée de désirs qui ne connoissent de bornes ni dans leur essence, ni dans la nature de leur objet? Car où s'arrêter? y a-t'il dans cette immensité de choses qui peuvent exercer la cupidité, un point inaccessible à l'effort & à l'étendue des souhaits ? quelle digue opposer à la manie d'entasser, à la fureur d'accumuler revenus sur revenus & richesses sur richesses.

De-là naît dans les avares cette inquiétude que rien n'appaise; jamais enrichis par leurs trésors & toûjours appauvris par leurs désirs, ils ne trouvent aucune satisfaction en ce qu'ils possédent, & séchent, les yeux attachés sur ce qui leur manque. Mais quel contentement réel pourroit éclorre d'un appétit si déréglé ? Etre dévoré de la soif d'acquérir soit honneurs, soit richesses; c'est avarice, c'est ambition; ce n'est point en jouir. Mais abandonnons ce vice à la haine & aux déclamations des hommes, chez qui avare & misérable, sont des mots synonimes, & passons à l'ambition.

Tout retentit dans le monde des désordres de cette passion. En effet, lorsque l'amour de la louange excéde une honnête émulation ; quand cet enthousiasme franchit les bornes même de la vanité ; lorsque le désir de se distinguer entre ses égaux dégénere en un orgueil énorme ; il n'y a point de maux que cette passion ne puisse produire. Si nous considérons les prérogatives des caractères modestes & des esprits tranquilles; si nous appuyons sur le repos, le bonheur & la sécurité qui n'abandonnent jamais celui qui sçait se borner dans son état, se contenter du rang qu'il occupe dans la société, & se prêter à toutes les incommodités inhérentes à sa condition ; rien ne nous paroîtra ni plus raisonnable, ni plus avantageux que ces dispositions. Je pourrois placer ici l'éloge de la modération & relever son excellence en développant les désordres & les peines de l'ambition, en exposant le ridicule & le vuide de l'entêtement des titres, des honneurs, des prééminences, de la renommée, de la gloire, de l'estime du vulgaire, des applaudissemens populaires, & de tout ce qu'on entend par avantages personnels. Mais c'est un lieu commun auquel nous avons suppléé par la réflexion précédente.

Il est impossible que le désir des grandeurs s'éléve dans une ame, devienne impétueux & domine la Créature, sans qu'elle soit en même-tems agitée d'une proportionnelle aversion pour la médiocrité. La voilà donc en proye aux soupçons & aux jalousies, soumise aux appréhensions d'un contre-tems ou d'un revers, & exposée aux dangers & à toute la mortification des refus. La pasſion déſordonnée de la gloire, des emplois & d'un état brillant, anéantit donc tout repos & toute ſécurité pour l'avenir, & empoiſonne toute ſatisfaction & toute commodité préſente.

Aux agitations de l'ambitieux, on oppoſe ordinairement l'indolence & ſes langueurs : toutefois ce caractère n'exclut ni l'avarice ni l'ambition. Mais l'une dort en lui & l'autre eſt ſans effet. Cette paſſion léthargique eſt un amour déſordonné du repos qui décourage l'ame, engourdit l'eſprit & rend la Créature incapable d'efforts, en groſſiſſant à ſes yeux les difficultés dont les routes de l'opulence & des honneurs ſont parſemées. Le penchant au repos & à la tranquillité n'eſt ni moins naturel, ni moins utile que l'envie de dormir ; mais un aſſoupiſſement continuel ne ſeroit pas plus funeſte au corps qu'une aversion générale pour les affaires, le seroit à l'esprit.

Or que le mouvement soit nécessaire à la santé, on en peut juger par les tempéramens de l'homme fait à l'exercice, & de celui qui n'en a jamais pris; ou par la constitution mâle & robuste de ces corps endurcis au travail & la complexion efféminée de ces automates nourris sur le duvet. Mais la fainéantise ne borne pas ses influences au corps : en dépravant les organes, elle amortit les plaisirs sensuels : des sens, la corruption se transmet à l'esprit, & c'est-là qu'elle excite bien un autre ravage. Ce n'est qu'à la longue que la machine éprouve des effets sensibles de l'oisiveté; mais l'indolence afflige l'ame, tout en l'occupant : elle s'en empare avec les anxiétés, l'accablement, les ennuis, les aigreurs, les dégoûts & la mauvaise humeur : c'est à ces mélancholiques compagnes qu'elle abandonne le tempérament : état dont nous avons parlé & exposé la misere, en établissant combien l'œconomie des affections est nécessaire au bonheur.

Nous avons remarqué que dans l'inaction du corps, les esprits animaux privés de leurs fonctions naturelles, se jettent sur la constitution, & détruisent leurs canaux en exerçant leur activité. Image fidelle de ce qui se passe dans l'ame de l'indolent. Les affections & les pensées détournées de leurs objets, & contraintes dans leur action, s'irritent & engendrent l'aigreur, la mélancholie, les inquiétudes & cent autres pestes du tempérament. Alors le Phlegme s'exhale : la Créature devient sensible, colére, impétueuse ; & dans ces dispositions inflammables, la moindre étincelle suffit pour mettre tout en feu.

Quant aux intérêts particuliers de la Créature ; que ne risque-t'elle pas ? Etre environnée d'objets & d'affaires qui demandent de l'attention & des soins, & se trouver dans l'incapacité d'y pourvoir, quel état ! quelle foule d'inconvéniens de ne pouvoir s'aider soi-même & de manquer souvent de secours étrangers ? C'est le cas de l'indolent qui n'a jamais cultivé personne & à qui les autres sont d'autant plus nécessaires que dans l'ignorance de tous les devoirs de la société où son vice l'a retenu, il est plus inutile à lui-même. Ce penchant décidé pour la paresse, ce mépris du travail, cette oisiveté raisonnée est donc une source intarissable de chagrins, & par conséquent un puissant obstacle au bonheur.

Nous avons parcouru les affections privées, & remarqué les inconvéniens de leur ſeur véhémence. Nous avons prouvé que leur excès étoit contraire à la félicité, & qu'elles précipitoient dans une miſere actuelle la Créature qu'elles dépravoient; que leur empire ne s'accroiſſoit jamais qu'aux dépens de notre liberté, & que par leurs vûes étroites & bornées, elles nous expoſoient à contracter ces diſpoſitions viles & ſordides ſi généralement déteſtées. Rien n'eſt donc & plus fâcheux en ſoi, & plus funeſte dans les conſéquences, que de les écouter, que d'en être l'eſclave, & que d'abandonner ſon tempérament à leur diſcrétion, & ſa conduite à leurs conſeils.

D'ailleurs ce dévouement parfait de la Créature à ſes intérêts particuliers, ſuppoſe une certaine fineſſe dans le commerce, & je ne ſçais quoi de fourbe & de diſſimulé dans la conduite & dans les actions: & que deviennent alors la candeur & l'intégrité naturelle ? que deviennent la ſincérité, la franchiſe & la droiture ? La confiance & la bonne foi s'anéantiſſent : les envies, les ſoupçons & les jalouſies vont ſe multiplier à l'infini : de jour en jour les deſſeins particuliers s'étendront, & les vûes générales ſe rétréciront : on rompra inſenſiblement avec ſes ſemblables, & dans cet éloignement de la ſociété, où l'on ſera jetté par l'intérêt, on n'appercevra qu'avec mépris les liens qui nous y tiennent attachés. C'eſt alors qu'on travaillera à réduire au ſilence & bientôt à extirper ces affections importunes qui ne ceſſeront de crier au fond de l'ame & de rappeller au bien général de l'eſpece, comme aux vrais intérêts ; c'eſt-à-dire, qu'on s'appliquera de toute ſa force à ſe rendre parfaitement malheureux.

Or, laissant à part les autres accidens que l'excès des affections privées doit occasionner ; si leur but est d'anéantir les affections générales ; il est évident qu'elles tendent à nous priver de la source de nos plaisirs & à nous inspirer les penchans monstrueux & dénaturés qui mettroient le sceau à notre misere, comme on verra dans la Section suivante & derniére.

SECTION TROISIEME.

Il nous reste à examiner ces passions qui ne tendent ni au bien général, ni à l'intérêt particulier, & qui ne sont ni avantageuses à la Société, ni à la Créature. Nous avons marqué leur opposition aux affections sociales & naturelles ; en les nommant penchans superflus & dénaturés.

De cette espece est le plaisir cruel

que l'on prend à voir des exécutions, des tourmens, des désastres, des calamités, le sang, le massacre & la destruction. Ç'a été la passion dominante de plusieurs Tyrans & de quelques Nations barbares. Les hommes qui ont renoncé à cette politesse de mœurs & de maniéres qui prévient la rudesse & la brutalité & retient dans un certain respect pour le genre-humain, y sont un peu sujets. Elle perce encore où manquent la douceur & l'affabilité. Telle est la nature de ce que nous appellons bonne éducation, qu'entr'autres défauts elle proscrit absolument l'inhumanité & les plaisirs barbares. Se complaire dans le malheur d'un ennemi; c'est un effet d'animosité, de haine, de crainte ou de quelqu'autre passion intéressée : mais s'amuser de la gêne & des tourmens d'une Créature indifférente, étrangere ou naturelle, de la même espece ou d'une autre, amie ou ennemie, connue ou inconnue ; se repaître curieusement les yeux de son sang, & s'extasier dans ses agonies ; cette satisfaction ne suppose aucun intérêt ; aussi ce penchant est-il monstrueux, horrible & totalement dénaturé.

Une Teinte affoiblie de cette affection, c'est la satisfaction maligne que l'on trouve dans l'embarras d'autrui; espece de méchanceté brouillonne & folâtre qui consiste à se plaire dans le désordre ; disposition qu'on semble cultiver dans les enfans & qu'en eux on appelle Espiéglerie *. Ceux qui connoîtront un peu la nature de cette passion ne s'étonneront point de ses suites fâcheuses : ils seroient peut-être plus embarrassés à expliquer par quel prodige un enfant exercé entre les mains des femmes à se réjouir dans le désordre

* *Hæ nugæ in seria ducent mala.* Horat.

& le trouble, perd ce goût dans un âge plus avancé, & ne s'occupe pas à semer la dissension dans sa famille, à engendrer des querelles entre ses amis, & même à exciter des révoltes dans la Société. Mais heureusement cette inclination manque de fondement dans la nature, comme nous l'avons remarqué.

La malice, la malignité ou la mauvaise volonté seront des passions dénaturées, si le désir de mal-faire qu'elles inspirent, n'est excité ni par la colere, ni par la jalousie, ni par aucun autre motif d'intérêt.

L'envie qui naît de la prospérité d'une autre Créature, dont les intérêts ne croisent point les nôtres, est une passion de l'espece des précédentes.

Mettez au même nombre la misanthropie; espece d'aversion qui a dominé dans quelques perſonnes : elle agit puiſſamment chez ceux en qui la mauvaiſe humeur eſt habituelle, & qui par une nature mauvaiſe aidée d'une plus mauvaiſe éducation, ont contracté tant de ruſticité dans les maniéres & de dureté dans les mœurs, que la vûe d'un étranger les offenſe. Le genre-humain eſt à charge à ces atrabilaires : la haine eſt toûjours leur premier mouvement. Cette maladie de tempérament eſt quelquefois épidémique : elle eſt ordinaire aux Nations ſauvages, & c'eſt un des principaux caractères de la barbarie. On peut la regarder comme le revers de cette affection généreuſe exercée & connue chez les anciens ſous le nom d'hoſpitalité ; Vertu qui n'étoit proprement qu'un amour général du genre-humain qui ſe manifeſtoit dans l'affabilité pour les étrangers.

A ces paſſions ajoûtez toutes celles que les ſuperſtitions & des uſages barbares font éclorre : les actions qu'elles preſcrivent ſont trop horribles, pour ne pas occaſionner le malheur de ceux qui les révérent.

Je nommerois ici les amours dénaturés tant dans l'eſpece humaine que de celle-ci à une autre, avec la foule d'abominations qui les accompagnent ; mais ſans ſouiller ces feuilles de cet infâme détail, il eſt aiſé de juger de ces appétits par les principes que nous avons poſés.

Outre ces paſſions qui n'ont aucun fondement dans les avantages particuliers de la Créature, & qu'on peut nommer ſtrictement penchans dénaturés ; il y en a quelques autres qui tendent à ſon intérêt, mais d'une façon ſi démeſurée, ſi injurieuſe au genre-humain, & ſi généralement déteſtée, que les précédentes ne paroiſſent gueres plus monſtrueuſes.

Telle eſt cette ambitieuſe arrogance, cette fierté tyrannique qui en veut à toute liberté, & qui regarde toute proſpérité d'un œil chagrin & jaloux. Telle eſt cette * ſombre fureur qui s'immoleroit volontiers la Nature entiére ; cette noirceur qui ſe repaît de ſang & de cruautés rafinées ; cette humeur fâcheuſe qui ne cherche qu'à s'exercer, & qui ſaiſit avec acharnement la moindre occaſion

* On trouve dans la vie de Caligula des exemples preſque uniques de cette paſſion. Jaloux d'immortaliſer ſa mémoire par de vaſtes calamités, il envioit à Auguſte le bonheur d'une Armée entieré maſſacrée ſous ſon Régne, & à Tibere la chûte de l'amphitéâtre ſous lequel cinquante mille ames périrent. S'étant aviſé à la repréſentation de quelque piéce de Théâtre d'applaudir mal-à-propos un Acteur que le Peuple ſiffla, Ah, ſi tous ces goſiers, s'écria-t'il, étoient ſous une tête ! .. Voilà ce qu'on pourroit appeller le ſublime de la cruauté.

pour écraſer des objets quelquefois dignes de pitié.

Qant à l'ingratitude & à la trahiſon ; ce ſont, à proprement parler, des vices purement négatifs : ils ne caractériſent aucun penchant : leur cauſe eſt indéterminée : ils dérivent de l'inconſiſtence & du déſordre des affections en général. Lorſque ces taches ſont ſenſibles dans un caractère ; lorſque ces ulcéres s'ouvrent ſans ſujet ; quand la Créature favoriſe par de fréquentes rechûtes les progrès de cette gangrene, on peut conjecturer à ces ſymptômes qu'elle eſt infectée de quelque levain dénaturé, tel que l'envie, la malignité, la vengeance & les autres.

On peut objecter que ces affections toutes dénaturées qu'elles ſont ne vont point ſans plaiſir ; & qu'un plaiſir quelqu'inhumain qu'il ſoit, eſt toûjours un plaiſir, fût-il placé dans la vengeance, dans la malignité & dans l'exercice même de la tyrannie. Cette difficulté ſeroit ſans réponſe, ſi, comme dans les joyes cruelles & barbares, on ne pouvoit arriver au plaiſir qu'en paſſant par le tourment; mais aimer les hommes, les traiter avec humanité, exercer la complaiſance, la douceur, la bienveillance, & les autres affections ſociales; c'eſt jouir d'une ſatisfaction immédiate à l'action & qui n'eſt payée d'aucune peine antérieure; ſatisfaction originelle & pure, qui n'eſt prévenue d'aucune amertume. Au contraire, l'animoſité, la haine, la malignité, ſont des tourmens réels dont la ſuſpenſion occaſionnée par l'accompliſſement du déſir eſt comptée pour un plaiſir. Plus ce moment de relâche eſt doux; plus il ſuppoſe de rigueur dans l'état précédent. Plus les peines de corps ſont aigues ; plus le patient eſt ſenſible aux intervalles de repos : telle eſt la ceſſation momentanée des tourmens de l'eſprit, pour le ſcélérat qui ne peut connoître d'autres plaiſirs.

Les meilleurs caractères, les hommes les plus doux ont des momens fâcheux : alors une bagatelle eſt capable de les irriter. Dans ces orages légers, l'inquiétude & la mauvaiſe humeur leur ont cauſé des peines dont ils conviennent tous. Que ne ſouffrent donc point ces malheureux qui ne connoiſſent preſque pas d'autre état ; ces furies, ces ames infernales au fond deſquelles le fiel, l'animoſité, la rage & la cruauté ne ceſſent de bouillonner ? A quel excès d'impatience ne les portera point un accident imprévû ? Que ne reſſentiront-ils pas d'un contre-tems qui ſurviendra, d'un affront qu'ils eſſuyeront, & d'une ſoule d'antipathies cruelles que des offenſes journaliéres ne ceſſeront de multiplier en eux. Faut-il s'étonner que dans cet état violent, ils trouvent une ſatisfaction ſouveraine à rallentir par le ravage & les déſordres, les mouvemens furieux dont ils ſont déchirés ?

Quant aux ſuites de cet état dénaturé relativement au bien de la Créature & aux circonſtances ordinaires de la vie; je laiſſe à penſer quelle figure doit faire entre les hommes un monſtre qui n'a plus rien de commun avec eux ; quel goût pour la ſociété peut reſter à celui en qui toute affection ſociale eſt éteinte ; quelle opinion concevra-t'il des dipoſitions des autres pour lui, avec le ſentiment de ſes diſpoſitions réciproques pour eux.

Quelle tranquillité, quel repos y a-t'il pour un homme qui ne peut ſe cacher, je ne dis pas qu'il eſt indigne de l'amour & de l'affection du genre-humain, mais qu'il en mérite toute l'aversion? Dans quel effroi de Dieu & des hommes ne vivra-t'il pas? dans quelle mélancholie ne sera-t'il pas plongé? mélancholie incurable par le défaut d'un ami dans la compagnie duquel il puisse s'étourdir, sur le sein duquel il puisse se reposer: quelque part qu'il aille, de quelque côté qu'il se tourne, en quelqu'endroit qu'il jette les yeux; tout ce qui s'offre à lui, tout ce qu'il voit, tout ce qui l'environne; à ses côtés, sur sa tête, sous ses pieds, tout se présente à lui sous une forme effroyable & menaçante. Séparé de la chaîne des Etres; & seul contre la Nature entiere; il ne peut qu'imaginer toutes les Créatures réunies par une ligue générale, & prêtes à le traiter en ennemi commun.

Cet homme est donc en lui-même,

comme dans un desert affreux & sauvage où sa vûe ne rencontre que des ruines. S'il est dur d'être banni de sa patrie, exilé dans une terre étrangére, ou confiné dans une retraite; que séra-ce donc que ce bannissement intérieur & que cet abandon de toute Créature? que ne souffrira point celui qui porte dans son cœur la solitude la plus triste, & qui trouve au centre de la société le plus affreux désert? Etre en guerre perpétuelle avec l'Univers; vivre dans un divorce irréconciliable avec la Nature: quelle condition!

D'où je conclus que la perte des affections naturelles & sociales entraîne à sa suite une affreuse misere, * & que

* Je ne crois pas qu'on trouve jamais l'Histoire en contradiction avec cette conclusion de notre Philosophie. Ouvrons les Annales de Tacite, ces fastes de la méchanceté des hommes: parcourons les régnes de Tibere, de

les affections dénaturées rendent sou-

Claude, de Caligula, de Neron, de Galba, & le destin rapide de tous leurs Courtisans, & renonçons à nos principes, si dans la foule de ces Scélérats insignes qui déchirérent les entrailles de leur patrie & dont les fureurs ont ensanglanté toutes les pages, toutes les lignes de cette histoire, nous rencontrons un heureux. Choisissons entr'eux tous. Les délices de Caprée nous font-elles envier la condition de Tibere? Remontons à l'origine de sa grandeur, suivons sa fortune, considérons-le dans sa retraite, appuyons sur sa fin; & tout bien examiné, demandons-nous, si nous voudrions être à present ce qu'il fut autrefois; le tyran de son pays, le meurtrier des siens, l'esclave d'une troupe de prostituées,& le protecteur d'une troupe d'esclaves?... Point de milieu, il faut ou accepter le sort de ce Prince, s'il fut heureux, ou conconclure avec son historien " Qu'en sondant „ l'ame des Tyrans, on y découvre des blessu- „ res incurables & que le corps n'est pas dé- „ chiré plus cruellement dans la torture, que „ l'esprit des méchans par les reproches con- „ tinuels du crime. *Si recludantur tyrannorum „ mentes, posse aspici laniatus & ictus; quando „ ut corpora vulneribus, ita sævitiâ, libidine, „ malis consultis animus dilaceretur.* ". Ce n'est pas tout. Si l'on parcourt les différens ordres de méchans qui remplissent la distance morale de Seneque à Neron, on distinguera de plus la misere actuelle dans une proportion constante avec la dépravation. Je m'attacherai seulement aux deux extrémités. Néron fait périr veraínement malheureux. Ce qui me restoit à prouver.

Britannicus son frere, Agrippine sa mere, sa femme Octavie, sa femme Poppée, Antonia sa belle-sœur, le consul Vestinus, Rufus-Crispinus son beau-fils, & ses instituteurs Seneque, & Burrhus ; ajoûtez à ces assassinats, une multitude d'autres crimes de toute espece ; voilà sa vie. Aussi n'y rencontre-t'on pas un moment de bonheur ; on le voit dans d'éternelles horreurs : ses transes vont quelquefois jusqu'à l'aliénation d'esprit ; alors il apperçoit le Ténare entr'ouvert, il se croit poursuivi des furies ; il ne sçait où, ni comment échapper à leurs flambeaux vengeurs ; & toutes ces fêtes monstrueusement somptueuses qu'il ordonne, sont moins des amusemens qu'il se procure, que des distractions qu'il cherche. Seneque chargé par état de braver la mort, en présentant à son Pupile les remontrances de la Vertu, le sage Seneque plus attentif à entasser des richesses qu'à remplir ce périlleux devoir, se contente de faire diversion à la cruauté du Tyran en favorisant sa luxure : il souscrit par un honteux silence à la mort de quelques braves citoyens qu'il auroit dû deffendre : lui-même, présageant sa chûte prochaine par celle de ses amis, moins intrépide avec tout son stoïcisme que l'Epicurien Pétrone, ennuyé d'échapper au poison en vivant des fruits de son jardin & de l'eau d'un ruisseau, va misérablement proposer l'échange de ses richesses pour une vie qu'il n'eût pas été fâché de conserver & qu'il ne put racheter

CONCLUSION.

Nous avons donc établi dans cette partie, ce que nous nous étions proposé. Or puisqu'en suivant les idées reçûes de dépravation & de vice, on ne peut être méchant & dépravé que

Par l'absence ou la foiblesse des affections générales.

Par la violence des inclinations privées.

Ou par la présence des affections dénaturées.

Si ces trois états sont pernicieux à la Créature & contraires à sa félicité pre-

par elles ; châtiment digne des soins avec lesquels il les avoit accumulées. On trouvera que je traite ce Philosophe un peu durement : mais il n'est pas possible sur le récit de Tacite, d'en penser plus favorablement ; & pour dire ma pensée en deux mots, ni lui ni Burrhus, ne sont pas aussi honnêtes-gens qu'on les fait. Voyez l'Historien.

ſente, être méchant & dépravé, c'eſt être malheureux.

Mais toute action vicieuſe occaſionne le malheur de la Créature proportionnellement à ſa malice : donc toute action vicieuſe eſt contraire à ſes vrais intérêts : il n'y a que du plus ou du moins.

D'ailleurs en développant l'effet des affections ſuppoſées dans un degré conforme à la Nature & à la conſtitution de l'homme ; nous avons calculé les biens & les avantages actuels de la Vertu ; nous avons eſtimé par voye d'addition & de ſouſtraction toutes les circonſtances qui augmentent ou diminuent la ſomme de nos plaiſirs ; & ſi rien ne s'eſt ſouſtrait par ſa nature, ou n'eſt échappé par inadvertence à cette arithmétique morale, nous pouvons nous flatter d'avoir donné à cet eſſai toute l'évidence des choſes géométriques. Car qu'on pouſſe le Scepticisme si loin qu'on voudra *; qu'on aille jusqu'à douter de l'existence

* „ A quoi bon me prescrire des régles de „ conduite, dira peut-être un Pirrhonien, si je „ ne suis pas sûr de *la succession de mon existence.* „ Peut-on me démontrer quelque chose pour „ l'avenir, sans supposer que je continue d'être „ *moy* ? Or c'est ce que je nie. *Moy* qui pense „ à present, est-ce *moy* qui pensoit il y a qua- „ tre jours ? Le souvenir est la seule preuve que „ j'en aie. Mais cent fois, j'ai crû me souvenir „ de ce que je n'avois jamais pensé : j'ai pris „ pour fait constant ce que j'avois rêvé : que „ sçais-je encore si j'avois rêvé ? *Me l'a-t'on* „ *dit ? d'où cela me vient-il ? l'ai-je rêvé ;* ce sont „ des discours que je tiens & que j'entends tous „ les jours : quelle certitude ai-je donc de „ mon *identité ? je pense, donc je suis.* Cela est „ vrai. *J'ai pensé, donc j'étois.* C'est supposer „ ce qui est en question. *Vous étiez sans doute,* „ *si vous avez pensé* ; mais quelle démonstration „ avez-vous, *que vous ayez pensé ?* ... aucune, „ il faut en convenir „ : cependant on agit ; on se pourvoit, comme si rien n'étoit plus vrai : le Pirrhonien même laisse ces subtilites à la porte de l'école & suit le train commun. S'il perd au jeu ; il paye comme si c'étoit lui qui eût perdu. Sans avoir plus de foi à ses raisonnemens que lui, je tiendrai donc pour assuré que *j'étois*, que *je suis* & que *je continuerai d'être moy* ; & conséquemment qu'il est possible de me démontrer *quel je dois être* pour mon bonheur.

des Etres qui nous environnent ? on n'en viendra jamais jusqu'à balancer sur ce qui se passe au-dedans de soi-même. Nos affections & nos penchans nous sont intimement connus : nous les sentons : ils existent, quels que soient les objets qui les exercent, imaginaires ou réels. La condition de ces Etres est indifférente à la vérité de nos conclusions. Leur certitude est même indépendante de notre état. Que je dorme ou que je veille, j'ai bien raisonné ; car qu'importe que ce qui me trouble, soit rêves fâcheux ou passions désordonnées, en suis-je moins troublé ? Si par hazard la vie n'est qu'un songe ; il sera question de le faire bon : & cela supposé, voilà l'œconomie des passions qui devient nécessaire ; nous voilà dans la même obligation d'être vertueux, pour rêver à notre aise ; & nos démonstrations subsistent dans toute leur force.

Enfin nous avons donné, ce me semble, toute la certitude possible à ce que nous avons avancé sur la préférence des satisfactions de l'esprit, aux plaisirs du corps; & de ceux-ci, lorsqu'ils sont accompagnés d'affections vertueuses, & goûtés avec modération, à eux-mêmes, lorsqu'on s'y livre avec excès & qu'ils ne sont animés d'aucun sentiment raisonnable.

Ce que nous avons dit de la constitution de l'esprit & de l'œconomie des affections, qui forment le caractère & décident du bonheur ou du malheur de la Créature, n'est pas moins évident. Nous avons déduit du rapport & de la connexion des parties que dans cette espece d'architecture, affoiblir un côté, c'étoit les ébranler tous & conduire l'édifice à sa ruine. Nous avons démontré que les passions qui rendent l'homme vicieux étoient pour lui autant de tourmens; que toute action mauvaise étoit sujette aux remords; que la destruction des affections sociales, l'affoiblissement des plaisirs intellectuels & la connoissance intérieure qu'on n'en mérite point, sont des suites nécessaires de la dépravation. D'où nous avons conclu que le méchant n'avoit ni en réalité ni en imagination le bonheur d'être aimé des autres, ni celui de partager leurs plaisirs; c'est-à-dire que la source la plus féconde de nos joyes étoit férmée pour lui.

Mais si telle est la condition du méchant; si son état contraire à la Nature, est misérable, horrible, accablant: c'est donc pécher contre ses vrais intérêts, & s'acheminer au malheur, que d'enfreindre les principes de la morale. Au contraire, tempérer ses affections & s'exercer à la Vertu; c'est tendre à son bien privé, & travailler à ſon bonheur.

C'eſt ainſi que la Sageſſe éternelle qui gouverne cet Univers, a lié l'intérêt particulier de la Créature, au bien général de ſon ſyſtême ; de ſorte qu'elle ne peut croiſer l'un, ſans s'écarter de l'autre, ni manquer à ſes ſemblables, ſans ſe nuire à elle-même. C'eſt en ce ſens qu'on peut dire de l'homme qu'il eſt ſon plus grand ennemi ; puiſque ſon bonheur eſt en ſa main, & qu'il n'en peut être fruſtré qu'en perdant de vûe celui de la Société & du Tout dont il eſt partie. La Vertu la plus attrayante de toutes les béautés, la beauté par excellence ; l'ornement & la baſe des affaires humaines, le ſoutien des communautés ; le lien du commerce & des amitiés ; la félicité des familles ; l'honneur des contrées ; la Vertu ſans laquelle tout ce qu'il y a de doux, d'agréable, de grand, d'éclatant & de beau, tombe & s'évanouit : la Vertu, cette qualité avantageuſe à toute Société, & plus généralement officieuſe, à tout le genre-humain, fait donc auſſi l'intérêt réel & le bonheur préſent de chaque Créature en particulier.

L'Homme ne peut donc être heureux que par la Vertu, & que malheureux, ſans elle. La Vertu eſt donc le bien, le Vice eſt donc le mal de la Société & de chaque membre qui la compoſe.

FIN.

TABLE
DES MATIERES.

A

C

D

TABLE

E.

N

N

O

P

TABLE

ERRATA.

Pag. 26. *lig.* 5. végétales. *Lisez* végétables.

Pag. 54. *lig.* 13. ou. *Lisez* &.

www.ingramcontent.com/pod-product-compliance
Lightning Source LLC
LaVergne TN
LVHW011945220826
846092LV00001B/87

* 9 7 8 2 0 1 9 6 4 5 0 8 3 *